経営税務論の展開

――投資決定と企業課税――

関野 賢 著

東京 森山書店 発行

序

　本書は、一般経営経済学における総論的な考察と特殊経営経済学における各論的な問題を結びつけることを意図する。以下において、各論の問題として、投資決定における企業課税を取り上げ、そして、体系づけられた総論の観点から、この問題がいかに論じられるのかということを明らかにしたい。

　本書においては、「企業者職能論（Lehre von den Unternehmerfunktionen）」、「投資決定」および「企業課税」という3つのテーマに取り組む。これらの関係を考察することによって、先に述べた目的の実現へと向かうのである。すなわち、投資決定における企業課税の問題が企業者職能論の観点からいかに論じられるのかということを明らかにすることが、本書の課題である。

　第Ⅰ部は、経営経済学の体系化に関連させて、シュナイダー（Dieter Schneider）が主張する企業者職能論を取り上げる。本論でも述べるように、経営学の体系化は、ドイツ経営経済学が生成して以来取り組まれてきた課題であるが、近年、その問題に取り組む研究者はほとんど見られない。また、一般経営経済学という名称のもとでまとめられた経営学も、本来の意味での体系化が成し遂げられたとは言い難い。なぜなら、教育上の目的のために、経営学において取り扱われる問題が寄せ集められているにすぎず、そこには核となる理論が存在しないからである。現在のドイツにおいて、そのような課題に挑んでいるのがシュナイダーである。彼は、自らが主張する企業者職能論のもとで経営経済学の体系化を試み、それを制度の個別経済学（Einzelwirtschaftstheorie der Institutionen）と称している。第1章と第2章では、企業者職能論の社会経済的背景および理論的背景を明らかにし、さらに、その理論と関係を有すると考え

られる新制度派経済学を取り上げることによって、彼の理論の理解を深め、経営経済学を本来の意味における体系化へと導きたい。

第Ⅱ部は、投資決定における企業課税の問題を論じる。日本では、経営学の領域において租税を主要問題として取り扱った研究はほとんど見られない。しかし、ドイツにおいては、その問題が経営学の領域で扱われ、それは経営税務論として確立されている。まず、第3章において、経営税務論の歴史を振り返ることによって、そこで取り組まれた課題を明らかにする。そして、その課題に基づいて、投資決定における企業課税の問題が経営税務論においていかに論じられるのかということを、第4章で考察する。その場合、企業の投資決定に企業課税がいかなる影響を及ぼすのかということが論じられるのである。そこでキーとなる概念が租税パラドックス（Steuerparadoxon）である。これは、企業課税を考慮する前後で投資代替案の優先順位が変更されるという現象である。この租税パラドックスを取り上げることが、経営税務論において投資決定に取り組む際の課題となる。すなわち、なぜ租税パラドックスが発生するのかという原因を究明すること、ならびに、租税パラドックスという観点から現行（あるいは将来）の税制を分析することが取り組まれなければならないのである。前者について、第5章および第6章で検討する。

第Ⅰ部と第Ⅱ部では、それぞれ総論としての経営経済学と各論としての経営税務論について言及している。シュナイダーは、これらの問題を隔離して考察しており、体系づけられた総論の観点と各論の問題を結びつけていない。それゆえ、第Ⅲ部は、これら2つの問題の統合を試みたい。第7章では、企業者職能論に基づいて体系づけられた制度の個別経済学において、投資決定における企業課税の問題がいかに論じられるのかということを考察する。そこでは、実質的な租税負担として経済的租税負担を算出すること、そして、最小の経済的租税負担を実現する制度を構築することが、その課題として挙げられるのである。このような企業者職能論の観点からの投資決定における企業課税の考察と

して、本書では2つの具体的な問題を取り上げる。第8章と第9章において、ドイツにおける投資促進措置が投資決定にどのような影響を及ぼすのかということを、経済的租税負担という観点から分析する。第10章において、租税負担を回避する制度のひとつの例として、リース契約について検討する。もちろん、企業者職能論に基づく企業課税の具体的な考察には、さらに多くの問題が残されているが、それらへの取り組みは今後の課題としたい。

　このように、ドイツの著名な研究者であるシュナイダーの理論に取り組み、それを理解するだけでなく、さらにその理論を用いて総論と各論とを結びつけようとする試みは、筆者のような若輩者には無謀なことであるとは重々承知している。それゆえ、本書における内容の不備、貧弱さは覆うすべもない。とりわけ、本書は研究の枠組み・方法論的な考察が中心となっており、各論に関する内容について物足りなさや多くの欠陥が見受けられるが、それも筆者の能力不足によるものである。本書を上梓したとはいえ、まだまだ若輩者であるため、今後の研究に向け、多くの忌憚のないご意見ならびにご批判を頂戴したい。

　ささやかで稚拙ながらも、ここに本書を上梓できるに至ったのは、数多くの先生のご教導のおかげである。なかでも、関西学院大学教授 深山　明先生には、学部3年生時にゼミに所属して以来、一貫してご指導いただき、公私にわたりさまざまなご厚情を賜っている。ご期待に添える内容ではないが、先生による懇切丁寧な指導により、本書をまとめることができた。深山先生のご健勝をお祈りし、ここに衷心より感謝の意を捧げるとともに、さらなる精進を誓いたいと思う。

　関西学院大学大学院商学研究科に在籍してから今日に至るまで、本書の中心的なテーマであるシュナイダーの企業者職能論や経営税務論に関する研究の第

一人者である大阪経済大学名誉教授 田渕　進先生にご指導を賜れたことは、誠に幸いであった。先生から賜った多くのご厚情を深謝したい。

　また、水原　煕先生（関西学院大学名誉教授、大阪学院大学教授）、海道ノブチカ先生（関西学院大学教授）、瀬見　博先生（関西学院大学教授）、渡辺敏雄先生（関西学院大学教授）には、関西学院大学商学部および関西学院大学大学院商学研究科在学時のみならず、現在も学会や研究会などにおいてさまざまなご教導を賜っている。本書の上梓に際し、改めて謝意を表したい。

　経営経済学研究会においては、私の至らぬ報告に対して、吉田和夫先生（関西学院大学名誉教授、大阪学院大学名誉教授）や牧浦健二先生（近畿大学教授）をはじめとする多くの先生から、有意義なご指摘ならびに励ましのお言葉を頂戴した。この場を借りて、厚く御礼申し上げたい。

　近年、大学での研究環境は厳しい状況になっているにもかかわらず、数多くの便宜を図っていただき、快適な研究環境を与えていただいている近畿大学経営学部の諸先生、わけても浦崎直浩先生（経営学部長）、寺岡義伸先生（経営学科長）、吉田忠彦先生（経営学科企業経営コース主任）ならびに山口忠昭先生（会計学科長）に謝意を申し上げたい。もちろん、そのほかの諸先生にも日頃よりご厚誼を賜っており、ここに感謝の意を表したい。

　前任校である神戸学院大学においては、井上　薫先生、稲村　毅先生、佐々木常和先生ならびに角野信夫先生をはじめとする多くの先生からご高配を賜った。大学教員になったばかりの筆者に、数多くのご指導をくださった諸先生方のおかげにより、本書を上梓できるに至った。しかし、これまで賜ったご厚恩に報いているとは思われないため、さらなる研鑽を誓いたい。

　本来であれば、学会や研究会などにおいてお世話になった先生方すべてのお名前を記さなければならないが、紙幅の関係上、省略させていただくことをお詫び申し上げたい。そして、御恩を頂戴しているすべての先生に感謝申し上げるとともに、今後とも変わらぬご指導をお願い申し上げる次第である。

なお、学術書に対する昨今の厳しい出版環境の中、本書の出版を快諾してくださり、さまざまなご配慮をいただいた菅田直文社長ならびに菅田直也氏をはじめとする森山書店の方々にも謝意を表したい。恩師である深山　明先生と同年に同じ出版社から著書を刊行できることは、筆舌に尽くしがたい喜びである。

　最後に、このように本書を上梓できたのは、周りにいるさまざまな人の支えのおかげである。それゆえ、私を支えてくれているすべての人に、心からの感謝を捧げたい。

2010 年 7 月

関　野　　賢

目　次

第Ⅰ部　企業者職能論と制度の個別経済学

第1章　シュナイダー企業者職能論 …………………………………3
- Ⅰ　序 ……………………………………………………………………3
- Ⅱ　所得の不確実性および制度の概念 ………………………………4
- Ⅲ　所得の不確実性と企業者職能 ……………………………………7
- Ⅳ　企業者職能論の背景 ………………………………………………10
  - 1.　社会経済的背景 …………………………………………………10
  - 2.　学問的背景 ………………………………………………………12
- Ⅴ　結 ……………………………………………………………………14

第2章　企業者職能論と新制度派経済学 ………………………19
- Ⅰ　序 ……………………………………………………………………19
- Ⅱ　経済学における制度志向的アプローチ …………………………20
- Ⅲ　新制度派経済学の基本思考 ………………………………………24
  - 1.　新制度派経済学の基本思考 ……………………………………24
  - 2.　エージェンシー理論の基本思考 ………………………………25
  - 3.　取引コスト理論の基本思考 ……………………………………26
  - 4.　所有権理論の基本思考 …………………………………………27
- Ⅳ　企業者職能論の基本思考 …………………………………………28
- Ⅴ　新制度派経済学と企業者職能論の関係 …………………………30
- Ⅵ　結 ……………………………………………………………………34

第Ⅱ部　経営税務論と投資決定

第3章　経営税務論の課題と方法 ………………………………………… *39*
- Ⅰ　序 ………………………………………………………………………… *39*
- Ⅱ　経営税務論の歴史 ……………………………………………………… *40*
- Ⅲ　経営税務論の課題 ……………………………………………………… *44*
    1. ヴェーエの経営税務論 …………………………………………… *44*
    2. ローゼの経営税務論 ……………………………………………… *46*
    3. シュナイダーの経営税務論 ……………………………………… *48*
- Ⅳ　経営税務論の学問的方法 ……………………………………………… *50*
- Ⅴ　結 ………………………………………………………………………… *52*

第4章　経営税務論と租税パラドックス ………………………………… *57*
- Ⅰ　序 ………………………………………………………………………… *57*
- Ⅱ　経営税務論と意思決定 ………………………………………………… *58*
- Ⅲ　投資決定と租税パラドックス ………………………………………… *63*
- Ⅳ　経営税務論と投資決定 ………………………………………………… *65*
- Ⅴ　結 ………………………………………………………………………… *68*

第5章　企業課税と投資中立性 …………………………………………… *73*
- Ⅰ　序 ………………………………………………………………………… *73*
- Ⅱ　目標要因値課税と投資中立性 ………………………………………… *74*
    1. 目標要因値課税 …………………………………………………… *74*
    2. 1期間の投資モデルにおける課税の投資中立性 ……………… *76*
    3. 多期間の投資モデルにおける課税の投資中立性 ……………… *76*
- Ⅲ　意思決定中立的な内部金融と課税の投資中立性 …………………… *81*
- Ⅳ　標準モデルにおける課税の投資中立性 ……………………………… *84*

1. 資本理論的利益と課税の投資中立性 ……………………………84
　　　2. 減価償却と課税の投資中立性 ……………………………………86
　Ⅴ　結 ……………………………………………………………………………89

第6章　計算利子率と収益税—標準モデルとの関連において— …………95
　Ⅰ　序 ……………………………………………………………………………95
　Ⅱ　計算利子率に対する課税の影響についてのアプローチ ……………97
　Ⅲ　計算利子率に対する課税の影響についての検討 ……………………98
　　　1. 租税を考慮する前後で同一の計算利子率を用いる場合 ……………98
　　　2. 課税後の計算利子率として税率を控除した利子率を用いる場合 ……100
　　　3. 他人資本による資金調達に仮定を設けて、計算利子率として実質
　　　　利回りを用いる場合 ……………………………………………………103
　　　4. 収入余剰から税額を控除せず、計算利子率を税率分大きく見積
　　　　もる場合 …………………………………………………………………106
　Ⅳ　結 ……………………………………………………………………………107

第Ⅲ部　経営税務論と企業者職能

第7章　企業者職能論と企業課税 ……………………………………………113
　Ⅰ　序 ……………………………………………………………………………113
　Ⅱ　企業者職能論とその評価 …………………………………………………114
　Ⅲ　企業者職能論に基づく企業課税の考察 …………………………………117
　Ⅳ　結 ……………………………………………………………………………119

第8章　投資促進措置と企業課税 ……………………………………………123
　Ⅰ　序 ……………………………………………………………………………123
　Ⅱ　投資促進措置の制度的考察 ………………………………………………124
　　　1. 税率の引き下げ …………………………………………………………124

2. 投資奨励金 ……………………………………………………… *125*
　　　3. 投資補助金 ……………………………………………………… *126*
　　　4. 特別減価償却 …………………………………………………… *127*
　Ⅲ　投資促進措置と経済的租税負担 ………………………………… *127*
　　　1. 投資奨励金と経済的租税負担 ………………………………… *129*
　　　2. 投資補助金と経済的租税負担 ………………………………… *130*
　　　3. 特別減価償却と経済的租税負担 ……………………………… *132*
　　　4. 直接的な投資促進措置の組み合わせと経済的租税負担 …… *133*
　Ⅳ　税率の引き下げと直接的な投資促進措置の比較 ……………… *135*
　Ⅴ　結 ……………………………………………………………………… *136*

第9章　投資決定と利益税率 ………………………………………………… *141*
　Ⅰ　序 ……………………………………………………………………… *141*
　Ⅱ　給付意欲と利益税率 ………………………………………………… *142*
　Ⅲ　資本価値と利益税率 ………………………………………………… *143*
　Ⅳ　リスク効用と利益税率 ……………………………………………… *146*
　Ⅴ　リスク・プレミアムと利益税率 …………………………………… *151*
　Ⅵ　結 ……………………………………………………………………… *153*

第10章　リースと企業課税 ………………………………………………… *159*
　Ⅰ　序 ……………………………………………………………………… *159*
　Ⅱ　リースの制度的考察 ………………………………………………… *160*
　　　1. リースの定義とその種類 ……………………………………… *160*
　　　2. リース料の設定 ………………………………………………… *162*
　　　3. リースにおける賃借人（ユーザー）のメリットとデメリット …… *163*
　　　4. リース会計基準の原則の変更と減価償却 …………………… *165*
　Ⅲ　リースと購入の経済性比較 ………………………………………… *166*

Ⅳ　リースに対する税制の影響―企業者職能論に基づく考察― ……… *172*
　　Ⅴ　結 ……………………………………………………………………… *175*

初 出 一 覧 ……………………………………………………………………… *179*
参 考 文 献 ……………………………………………………………………… *181*
人 名 索 引 ……………………………………………………………………… *195*
事 項 索 引 ……………………………………………………………………… *198*

第Ⅰ部　企業者職能論と制度の個別経済学

第1章　シュナイダー企業者職能論

I　序

　ドイツ経営経済学は生成以来、その体系化を課題としてきた[1]。しかしながら、近年、企業活動の複雑化や各論における問題の多様化という背景のもとで、経営経済学をひとつの体系にまとめることが困難になっている。このような状況において、シュナイダー（Dieter Schneider）は、彼が主張する企業者職能論（Lehre von den Unternehmerfunktionen）をもとに経営経済学の体系化を試み、それを制度の個別経済学（Einzelwirtschaftstheorie der Institutionen）と称する[2]。

　制度の個別経済学においては、所得の不確実性（Einkommensunsicherheit）をいかに減少させるのかということが論じられているが、シュナイダーはその手段として企業者職能を取り上げている[3]。この企業者職能論に基づいて経営経済学の体系化が試みられているのである。その際、彼はそこで考察する対象を企業の問題に限定せずに、家計などの側面も取り上げなければならないと主張している。しかしながら、経営経済学の多くの研究において、その対象が企業の問題に限定されているのと同様に、制度の個別経済学においても、もっぱら企業の問題が論じられているのである。

本章においては、まず企業者職能論の基礎に置かれている概念である所得の不確実性および制度の概念を明らかにする。そして、所得の不確実性を減少させるための手段である企業者職能を取り上げた後、その理論の背景となっている社会状況や理論を考察する。そのことによって、経営経済学の体系化を試みる企業者職能論を詳細に論じる。

Ⅱ 所得の不確実性および制度の概念

シュナイダーが主張する制度の個別経済学においては、所得の不確実性という概念が基礎に置かれている。ここでは、この所得の不確実性という概念、ならびに、その不確実性を減少させるための制度という概念を考察する。

人間が生活するためには、「財、サービスならびに将来的な財やサービスの請求権(Sache, Dienst und Anspruch auf künftige Sache und Dienst)」が必要である[4]。とりわけ、この将来的な財やサービスの請求権が裁量権（Verfügungsrecht）と称される[5]。この裁量権が将来的な請求権であることから、時間に関する問題が発生する。それゆえ、その請求権が行使されるまでには、計画策定時に予測されなかった多くの事象が生じるため、裁量権が不確実性を伴うことは不可避である[6]。

人間は、そのような財やサービスならびにそれらの裁量権を獲得することによって自らの欲求を満たす。その際、これらは他人との交換、すなわち取引によって獲得されうる。ここで用いられている取引は、他人に一方的な犠牲を強いるものではなく、取引をする時点において取引の当事者双方が自らに利益がもたらされると判断する場合にのみ行われる。すなわち、「自由意志に基づく取引（freiwilliger Tausch）」が想定されているのである[7]。しかし、このような取引によって、取引をする人に常に利益がもたらされるわけではない。なぜなら、自由意志に基づく取引は、あくまでも取引をする人が計画時点において主

観的な判断に基づいて行われるため、必ずしもその人に利益をもたらすとは言えないからである。

　このような取引は貨幣によって媒介される。そのための貨幣を獲得するには所得が必要である。ここで用いられる所得とは、「ある期間における純財産の増加（Reinvermögenszugang）」である[8]。前述したように、取引によって獲得される所得は不確実性を伴う。その不確実性の原因として、所得獲得の際の2つの経験的事実が挙げられる[9]。それは、第1に、人間行動の結果に関する知識が不完全であること、第2に、人間の知識、意図および能力が不均等に分布していることである。

　まず、行動の結果が前もって完全に認識されているという状況は考えられない。それゆえ、計画においては不完全な知識が前提とされなければならない。そのため、将来について多くの状況が予想され、また、まったく予測されないことが生じるかもしれない可能性も想定に入れて、意思決定が行われるのである。計画における知識が不完全である要因には、事実についての知識の不完全性、理論についての知識の不完全性、外部の出来事についての予測の不完全性、そして、個人の性向についての知識の不完全性がある[10]。このような知識の不完全性のために、所得の獲得も不確実性を伴うのである。

　次に、人間の知識、意図および能力が不均等に分布していることは経験的にも明らかである。制度の個別経済学においては、それらの中で人間の知識の不均等分布のみが取り上げられ、人間の意図や能力は考慮されていない[11]。前述したように、人間の知識が不完全であることから、より正確に表現すると、知識の不均等分布は不完全な知識の不均等分布である。このような知識の不均等分布は個人の知識差によってひき起こされるが、その差は「個人の心理的傾向、教育経歴あるいは職業経歴から生じる」のである[12]。この不完全な知識の不均等分布のために、人間は自らが持っていない知識を持つ人にだまされる危険が生まれる。このことからも所得の不確実性がひき起こされるのである。

ここで用いられている所得の不確実性という概念は、「計画において意図された所得と実際に獲得された所得の相違」を意味している[13]。人間の生活においてこの所得の不確実性をいかに減少させるかということが問題となる。その際、人間は自らの経験によってこの不確実性をある程度減少させることができる。さらに、この経験に基づく知識を含めた自らの知識を用いて制度を構築することによって、その不確実性は減少させられる。すなわち、人間は所得の不確実性を減少させるために、制度を構築するのである[14]。制度の個別経済学において、この制度は「規則システム（秩序）としての制度」と「行動システム（組織）としての制度」という２つの意味を備えている[15]。

規則システムは個々の規則の集合であり、これらによって人間は将来に起こる予測できない出来事をある程度減らすことができる。この規則システムとは次のような秩序である[16]。第１の規則システムは、個人の思考に対する秩序である。たとえば言葉や数学などが該当し、人間はそれらを用いることで理性的な計画を策定できるし、理性的に行動できるのである。第２の規則システムとして、人間の共同生活に対する秩序がある。たとえば交通ルールなどが当てはまり、この秩序によって人間は予測できない外部の出来事を減らすことができる。第３に、企業者職能の行使に対する秩序がある。この秩序は思考上の秩序と経済秩序に基づいて定められ、所得の不確実性を減らすための行動に対する計画や統制に関係するのである。制度の個別経済学においては、これらの規則システムのうち、人間の共同生活に対する秩序と企業者職能の行使に対する秩序が取り上げられる。

行動システムとしての制度は、「規則システムによって秩序づけられた行動過程」から成り立っている[17]。すなわち、この行動システムは個人の目標を達成するための仕組み（Einrichtung）である。

制度が所得の不確実性を減少させるために構築されるという意味において、それは共通の目的を持っている。このような制度を構築するために、企業者職

能が行使されるのである。

Ⅲ　所得の不確実性と企業者職能

　シュナイダーは、このような前提のもとで企業者職能論を構築した。そこでは、所得の不確実性を減少させるための企業者職能が論じられている。制度の個別経済学における企業者概念は、メンガー（Carl Menger）やミーゼス（Ludwig E. von Mises）などのオーストリア学派ならびにリーデル（Adolf Friedrich J. Riedel）などの影響を受け、シュナイダー独自の見解へと発展させたものである[18]。彼らの概念における共通点は不確実性を重視していることである。すなわち、彼らは不均衡な経済を前提とし、その経済において不確実性にうまく対処する人間を企業者と定義しているのである。たとえば、ミーゼスは、「すべての活動は時間の流れの中にあるため、活動の結果すべてが不確実である。そして、企業者はその活動における不確実な側面に取り組む。それゆえ、現実の経済において、すべての人間が企業者となる」と主張している[19]。このような前提のもとで考えられたシュナイダーの企業者概念は、シュンペーター（Schumpeter, J.）が主張する企業者概念と思考の出発点が異なるのである[20]。

　まず、企業者職能論における企業者概念について考察する。前述したように、人間は所得を獲得するために自らの知識、労働力あるいはその他の能力を投入しなければならない。なぜなら、「自己責任において所得を獲得すること」が人間の義務だからである[21]。企業者職能論においては、このような自らの知識などを用いて自己責任の範囲で所得を獲得する人すべてが、「自己責任を負う独立した企業者」であると定義されている[22]。しかしながら、そのような人すべてが企業者であるが、彼らが企業者職能を行使するとは限らない[23]。多くの企業者は、わずかな機会でのみ企業者職能を行使するに過ぎず、その他

の機会では自分より優れた知識や能力をもつ人に自らの企業者職能を委託するのである。シュナイダーは、このようにして他人から企業者職能を委託された人をマネージャー（Manager）と称し、企業者と区分している[24]。

以上のように企業者概念が定義されるが、この企業者あるいはマネージャーは次の3つの企業者職能を行使する[25]。第1の職能は、他人から所得の不確実性を一時的に引き受けることによって、制度を構築することである。第2の職能は、裁定利益あるいは投機利益（Arbitrage- bzw. Spekulationsgewinn）を追求することによって、外部に向けて制度を維持することである[26]。第3の職能は、変革を遂行することによって、組織内で制度を維持することである。

まず、企業者は他人からの所得の不確実性を引き受けることにより制度を構築し、自らの所得の不確実性を減少させる。その際、企業者は決して他人の所得の不確実性を減少させることを意図しているわけではない[27]。企業を例に挙げると、企業者は、自らの所得を獲得するために、あるいは、自らの所得の不確実性を減少させるために、他人の所得の不確実性を引き受けて企業という制度を設立する。それゆえ、企業者は、決して従業員の所得不確実性の減少を意図して企業を設立したわけではないのである。それに対して、その企業で働く従業員も、自らの所得の不確実性を減らすためにその企業で働く。この場合、従業員の所得不確実性を減少させることが企業者の目的であるとは考えられない。この第1の企業者職能は、「所得の不確実性を一方的に引き受ける職能」と「所得の不確実性を相互的に引き受ける職能」に区分される[28]。また、この職能はカンティロン（Richard Cantillon）によって初めて主張され、その後一世紀以上経てリーデルによって再び取り上げられたのである[29]。

リーデルは、「企業者の活動は（一般的な企業者職能概念として取り上げられている）生産手段の結合よりも、裁定利益の獲得に重要性が置かれる」と主張している[30]。それゆえ、企業者は「裁定取引者である投機家」として、すなわち「不確実性を伴う調達市場と販売市場の仲介者（Mittler）」として活動する[31]。

その際、裁定取引（Arbitrage）としては、調達市場と販売市場における価格差による裁定取引、空間的な裁定取引、時間的な裁定取引あるいは生産段階での裁定取引が考えられる[32]。企業者は、人間の知識が不完全で不均等に分布していることを利用することにより、そのような裁定取引を行うことができるのである。

　このような裁定利益を獲得するためには、企業者は市場条件や環境条件の変化に適応しなければならない。それゆえ、企業者は環境の変化に適応するために、内部に対して制度を維持する企業者職能として変革を遂行するのである[33]。また、ある制度における変革の遂行が他の制度の形成を必要とすることもある[34]。すなわち、ある制度（たとえば、市場）において環境に適応するために変革を遂行すると、他の制度（たとえば、新しい企業形態）の構築が求められることがある[35]。このような変革の遂行は組織においてマネージャーが行い、彼は「組織において自らが正しいと考える目標を制度の構成員に納得させ、彼らにその目標にそった行動を遂行させる」ように管理する[36]。リーデルは、この第3の職能を企業者による「監督（Inspection）」と称し、彼らは「継続的な監督管理（Aufsichtsführung）や統制（Controlle）」によって企業を維持しようと試みると主張したのである[37]。

　以上のようなシュナイダーの企業者職能概念はシュンペーターの概念と前提が異なる。まず、シュンペーターは、均衡した経済がなぜ発展するのかという要因を企業者に求めた。すなわち、彼によると、「均衡した経済は、動的な組織者が革新を遂行することによって発展する。その組織者が企業者と見なされる」のである[38]。この概念定義にシュナイダーとの相違が存在する。第1の相違は、均衡した経済を考察の前提とすることである。均衡した経済は完全な知識に基づいている。しかし、制度の個別経済学においては、不完全な知識の不均等な分布が前提とされるため、均衡した経済は考えられないのである。第2の相違は企業者概念の範囲である。シュンペーターは、企業者を「均衡した

経済を発展させるために、需要を創造するような新しい結合を行う組織者である」と定義した[39]。それゆえ、企業者職能概念として組織における変革の遂行のみが取り上げられ、制度の構築や裁定利益の追求は考察されていない。とりわけ、シュンペーターは、裁定利益を獲得する機会を消費者の需要の中に見出すことを否定し、「イニシアティブは生産の側にある」と主張したのである[40]。しかしながら、現実の社会において、新商品の開発を含めた革新の遂行の多くは消費者の需要に適応するように行われるため、消費者の需要を無視した革新（商品）は考えられない。以上のように、シュンペーターは企業者を革新を遂行する組織者であると定義したが、シュナイダーにおいて革新の遂行は裁定利益を獲得するための手段である。したがって、シュナイダーが主張する企業者職能概念は、シュンペーターの思考を継承する論者が主張している概念よりも広範であると考えられる。

Ⅳ 企業者職能論の背景

1. 社会経済的背景

周知のように、経営経済学は実践性を伴う学問であり、それゆえ、社会経済的状況に影響されることは明らかである。そのことから、シュナイダーが企業者職能論を構築したときの社会経済的状況を理解することは、彼の理論を把握する上で不可欠である。

第2次世界大戦後のドイツの復興は通貨改革によってはじめられたが、その際に掲げられた政策理念が社会的市場経済（soziale Marktwirtschaft）である[41]。ミュラー・アルマック（Alfred Müller-Armack）によって提唱され、経済相エアハルト（Ludwig Erhard）が普及させたこの理念は、社会経済を維持するために競争秩序を守ること、たとえば独占を排除することを除いて、政府による指導を可能な限り行わないというものである。このような理念に対して、社会民主

党（SPD）や労働組合だけでなく、キリスト教民主同盟（CDU）からも異議が唱えられた。しかしながら、これがドイツ経済を1950年代の高度成長へと導いたのである。この時期に構築されたのがグーテンベルク（Erich Gutenberg）の経営経済学であり、それは生産性志向に基づいて体系づけられ、ドイツ経営経済学においてひとつのパラダイムを形成したのである。すなわち、高度経済成長期という社会経済的状況において、戦後のドイツ経営経済学を代表するグーテンベルクの理論は、企業者の単独決定のもとでの生産性の側面を考慮するだけで十分であった。しかし、1966・67年の恐慌によりこの高度成長期に終わりが告げられると、グーテンベルク理論が批判にさらされるようになり、それとともに社会的市場経済という理念も変換の時期を迎えたのである。1966年に、キージンガー（Kurt G. Kiesinger）がCDUとSPDの大連立政権を打ち立て、さらに1969年には、戦後初めてのSPD政権がブラント（Willy Brandt）によって実現され、それはシュミット（Helmut Heinrich W. Schmidt）へと受け継がれた。その間に、SPD政権によって経営組織法や共同決定法の改正などが実施され、企業に対する規制が強化されたのである。そして、1974・75年の不況を迎えた際には、社会的市場経済ではなくケインズ主義に基づく政策によって不況の克服が試みられた。この政策が財政赤字を増大させたのである。このような状況において、CDUのコール（Helmut Josef M. Kohl）は小さな政府という構想を唱え、1982年にSPDから政権を奪うことに成功した。コール政権では、SPD政権時代に制定された規制が緩和され、企業および企業管理者の自律性が強調されたのである。

　このような社会経済的状況を背景に、シュナイダーは経営経済学の体系化を試みた。彼は、1985年の『一般経営経済学』第2版において企業者職能論を主張している[42]。そこでは不確実性の概念が重視されているが、その背景には彼が戦後の不況を経験したことがある。この経験によって、シュナイダーは、誰も将来について完全な予測を行うことができないということ、すなわち

世の中の出来事はすべて不確実性を伴う事象であるということを、自らの理論構築の基礎に置いたのである。そのことから、グーテンベルクの理論においては企業者の役割が生産要素の結合過程に見られたのに対して、シュナイダーはそのような過程ではなく、不確実性を削減するための制度の構築や裁定利益の獲得などを企業者の役割と定義した。その一方で、彼はSPDによるケインズ主義的な政策ではなく、社会的市場経済の構想に賛同する。したがって、政府による指導を可能な限り排除した状況において企業者が競争を行うということを前提に、自らの理論を構築したのである。この意味においては、彼の理論は企業者の単独決定原理を主張するグーテンベルクの思考を受け継いでいると考えられる。

以上のことから明らかなように、シュナイダーが主張する企業者職能論は、戦後のドイツ経済の変化を背景に、企業者の自律性および不確実性という前提のもとで企業者の役割を論じているのである。

2. 学問的背景

前述したように、企業者職能論においては、不確実性という概念と企業者の自律性が重視されている。しかし、これらはシュナイダー独自の見解ではなく、過去においても取り上げられている。国民経済学においてそれらの問題に取り組んだのがオーストリア学派であり、シュナイダーはこの学派から強い影響を受けているのである。

オーストリア学派は過去においてかなり軽視されていたが、「1970年代初頭に…関心が呼び起こされ…ドイツでも新しい世代の新進の経済学者達がオーストリアンの思想や政策観に関心を持つようになった」のである[43]。このことは、1980年代に企業者職能論を構築したシュナイダーに影響を及ぼしたであろう。また、「オーストリア学派がどんなものであるかについては一般的にはほとんど理解されていない」が、この学派はメンガーを創始者とし、その思想

はミーゼスやハイエク（Friedrich A. von Hayek）へと受け継がれている[44]。シュンペーターのようにオーストリア学派に属している研究者は他にも多く存在するが、シュナイダーはメンガーから始まりミーゼスやハイエクへと受け継がれた考え方に影響されていると考えられる。

　彼らにおいては、時間および制約された知識という概念が基礎に置かれており、また、このことから生じる不確実性という概念が重視されている。すなわち、人間は将来の行動のために計画を立てるが、その際に将来のことすべてを認識することができないため、計画は不確実性を伴うのである。この不確実性という概念は企業者職能論においても不可欠である。この概念によって人間の知識の限界が意識され、そのことが政府による指導をできるだけ排除するという主張につながる。なぜなら、将来について完全な予測を行うことができない政府が実施する政策が常に適切であるとは限らないからであり、そのため、政府の政策よりも市場の能力に信頼が寄せられるのである。

　ミーゼスやハイエクはこのような考え方に基づき社会主義批判を行い、自由主義における競争を前提に自らの理論を構築した。1920年代や1930年代において、自由主義思想に基づく彼らの理論が一般的に受け入れられることはなかった。しかしながら、この思想は戦後ドイツにおける社会的市場経済の理念に受け継がれ、これはシュナイダーが重視するひとつの側面である。

　さらに、ミーゼスは「すべての活動は時間の流れの中にあるため、活動の結果すべてが不確実である。そして、企業者はその活動における不確実な側面に取り組む。それゆえ、現実の経済においてすべての人間が企業者となる」と主張している[45]。このことからも明らかなように、オーストリア学派では自由主義の競争市場において不確実性に対処すること、すなわち自らの知識を利用して利益を獲得することを企業者の役割と見なしているのである。この場合の企業者概念は一般的に考えられているものよりかなり広範であるが、この点においてもシュナイダーの理論はオーストリア学派の影響を受けていると考えら

れる。

　以上のことから、シュナイダーの企業者職能論はオーストリア学派が用いる概念を受け継ぎ、整理し直したものであると見なされる。しかし、彼が国民経済学におけるオーストリア学派の理論を経営経済学的な視点から見直し、それによって経営経済学の体系化を試みたことは注目に値するであろう。

V　結

　シュナイダーは、ドイツの社会経済的状況を背景に、オーストリア学派の理論に影響を受けて企業者職能論を構築し、その理論に基づいて経営経済学の体系化を試みた。彼はそこでの研究対象を所得の側面に限定し、所得の不確実性をいかに減少させるのかという観点から理論を展開したのである。そこでは、不確実な社会において所得獲得の際の不確実性にいかに対処するのかということが論じられる。その際、不確実性を伴う社会において自己責任で所得を獲得する人すべてが企業者と見なされ、彼らは所得の不確実性を減少させるために企業者職能を行使するのである。この職能は、他人から一時的に所得の不確実性を引き受けて制度を構築すること、裁定利益を追求すること、ならびに、組織内で変革を遂行することを内容としている。制度の個別経済学においては、この企業者職能の観点から企業におけるさまざまな問題が論じられるのである。

　このようなシュナイダーの企業者職能論はオーストリア学派の理論を受け継いだものである。しかし、国民経済学における理論を経営経済学の観点から見直し、さらに、近年においてあまり意識されていない経営経済学の体系化を試みたことは彼の功績であろう。その一方で、そのようにして体系づけられた制度の個別経済学において、具体的な企業の問題がいかに考察されうるのかということに、彼は言及していないのである。本書においては、この企業者職能論

の観点から投資決定および企業課税の問題がいかに論じられるのかということを明らかにしたい。

（1） これに関連して、ドイツの経営経済学の特徴について次のような主張も見られる。「ドイツの経営学は片や特殊経営経済学としてのその内容を豊かにしてきたのであるが、しかしドイツの経営学の特色は何といっても、一般経営経済学にあり、ドイツの経営学がもともと、この一般経営経済学の樹立を目ざして出発し、その展開の過程においてむしろ特殊経営経済学がそこから導き出されてきたという点に、一般と特殊、いいかえれば総論と各論をめぐるドイツ独自の事情があったといえよう」（吉田和夫『ドイツの経営学』同文舘出版、1995年、134ページ）。
（2） 企業者職能論については、以下を参照。Schneider, D. : Allgemeine Betriebswirtschaftslehre, 2. Aufl., München/Wien 1985, S. 5 ff. Ders. : Betriebswirtschaftslehre, 1. Bd. : Grundlagen, 2. Aufl., München/Wien 1995, S. 24 und 30 ff.（D.シュナイダー著、深山　明訳『企業者職能論』森山書店、2008年。）Ders. : Betriebswirtschaftslehre, 4. Bd. : Geschichte und Methoden der Wirtschaftswissenschaft, München/Wien 2001, S. 509 ff. 森　昭夫「『制度論的経営経済学』について―ディーター・シュナイダーの所説を巡って―」『国民経済雑誌』（神戸大学）第156巻第6号、1987年、63-76ページ。D.シュナイダー著、森　昭夫訳「企業者職能による経営経済学の新構築」『會計』第134巻第2号、1988年、119-136ページ。生駒道弘「D.シュナイダー教授の企業者職能論」『商学論究』（関西学院大学）第36巻第4号、1989年、25-39ページ。田渕　進「シュナイダーの企業者職能論」大橋昭一編著『現代のドイツ経営学』税務経理協会、1991年、237-250ページ。
（3） Schneider, D. : Betriebswirtschaftslehre, 1. Bd., S. 14 ff.
（4） Schneider, D. : a. a. O., S. 1.
（5） Schneider, D. : a. a. O., S. 1 ff.
（6） シュナイダーが用いる不確実性（Unsicherheit）という概念は、かなり広範な意味を含んでいる。意思決定論において一般的に用いられているような、計画の中でいくつかの状況が考えられるが、その中でどれが起こるか分からないという状況である不確定性（Ungewißheit）に加えて、計画の中では取り上げることができないようなまったく予測できないという状況である広義の不確実性も

含まれている。シュナイダーが用いる不確実性概念については、以下を参照。Schneider, D. : Investition, Finanzierung und Besteuerung, 7. Aufl., Wiesbaden 1992, S. 35 ff. Ders. : Informations- und Entscheidungstheorie, München/Wien 1995, S. 16 ff. Ders. : Betriebswirtschaftslehre, 1. Bd., S. 9 ff. Ders. : Betriebswirtschaftslehre, 2. Bd. : Rechnungswesen, 2. Aufl., München/Wien 1997, S. 1 ff. Ders. : Betriebswirtschaftslehre, 3. Bd. : Theorie der Unternehmung, München/Wien 1997, S. 16 ff. 一般的な不確実性の概念については、以下を参照。Busse von Colbe, W. und Laßmann, G. : Betriebswirtschaftstheorie, 1. Bd. : Grundlagen, Produktions- und Kostentheorie, Berlin/Heidelberg/New York 1975, S. 26 f.（ヴァルター・ブッセ・フォン・コルベ、ゲルト・ラスマン著、内藤三郎監訳、藤本弘人・今井一孝・佐藤康男訳『経営経済理論』第1巻、法政大学出版局、1979年、33ページ。）Albach, H. : Ungewißheit und Unsicherheit, in : Grochola, E. und Wittmann, W. (Hrsg.) : Handwörterbuch der Betriebswirtschaft, 4. Aufl., Stuttgart 1976, Sp. 4036–4041. Ders. : Beiträge zur Unternehmensplanung, Wiesbaden 1979, S. 15–17.（H. アルバッハ著、栗山盛彦訳『現代企業計画論』千倉書房、1984年、25–27ページ。）

(7)　Schneider, D. : Betriebswirtschaftslehre, 1. Bd., S. 4.
(8)　Schneider, D. : a. a. O., S. 5.
(9)　Schneider, D. : a. a. O., S. 7.
(10)　Schneider, D. : a. a. O., S. 7 f.
(11)　Schneider, D. : a. a. O., S. 11.
(12)　Schneider, D. : a. a. O., S. 13.
(13)　Schneider, D. : a. a. O., S. 14.
(14)　Schneider, D. : a. a. O., S. 18 ff.
(15)　Schneider, D. : a. a. O., S. 20 ff.
(16)　Schneider, D. : a. a. O., S. 20 f.
(17)　Schneider, D. : a. a. O., S. 22. その行動システムの中で、個人は一時的かつ一定の規則のもとで協力的あるいは対立的に行動するのである。
(18)　Riedel, A. F. : Nationalöconomie oder Volkswirthschaft, 2. Bd., Berlin 1839, S. 8–14 und 286. Mises, L. v. : Human Action : A Treatise on Economics, 4th. rev. ed., Fox&Wilkes 1996, pp. 245–257. Menger, C. : Principles of Economics, translated by James Dingwall and Bert F. Hoselitz, with an introduction by F. A. Hayek, Libertarian Press 1994, pp. 74–76 and 157–161. Hébert, R. F. and Link, A. N. : The Entrepreneur, Mainstream Views and Radical Critiques, Praeger Publishers 1982,

第 1 章　シュナイダー企業者職能論　*17*

pp. 64-69, 74-81, 127-134 and 152-155. (R. F. ヘバート・A. N. リンク著、池本正純・宮本光晴訳『企業者論の系譜—18世紀から現代まで—』ホルト・サウンダース・ジャパン、1984 年、88-104、156-169、181-186 ページ。) 池本正純『企業者とはなにか—経済学における企業者像—』有斐閣、1984 年、43-67、94-109、143-176 ページ。

(19)　Mises, L. v. : op. cit., pp. 253 and 254.
(20)　シュンペーターが主張する企業者概念については、以下を参照。Schumpeter, J. : Theorie der wirtschaftlichen Entwicklung : Eine Untersuchung über Unternehmergewinn, Kapital, Kredit, Zins und den Konjunkturzyklus, 2. Aufl., München/Leipzig 1926, S. 99-117 und 216-218. (塩野谷祐一・中山伊知郎・東畑精一訳『経済発展の理論—企業者利潤・資本・信用・利子および景気の回転に関する一研究—（上）』岩波書店、1977 年、180-209 ページ。同『経済発展の理論—企業者利潤・資本・信用・利子および景気の回転に関する一研究—（下）』岩波書店、23-26 ページ。) 金指　基『シュンペーター再考—経済システムと民主主義の新しい展開に向けて—』現代書館、1996 年、111-157 ページ。
(21)　Schneider, D. : a. a. O., S. 6.
(22)　Schneider, D. : a. a. O., S. 31.
(23)　Schneider, D. : a. a. O., S. 32. その理由として、このような企業者が企業者職能の行使のために必要な職能を認識したり、満たしたりする必要がないことが挙げられる。
(24)　Schneider, D. : a. a. O., S. 32 f.
(25)　Schneider, D. : a. a. O., S. 30-41.
(26)　ここで用いられている裁定利益や投機利益は、日常的に用いられている賭け事的な意味を表しているのではない。
(27)　Schneider, D. : a. a. O., S. 33.
(28)　Schneider, D. : a. a. O., S. 34.
(29)　Cantillon, R. : Essai sur la Nature du Commerce en Général, edited with an English Translation and other material by Henry Higgs, C. B., Macmillan 1931, pp. 47-57 and 149-158. (戸田正雄訳『カンティヨン商業論』日本評論社、1943 年、43-48、120-128 ページ。) Riedel, A. F. : a. a. O., S. 16 und 286.
(30)　Riedel, A. F. : a. a. O., S. 11.
(31)　Schneider, D. : a. a. O., S. 37.
(32)　Schneider, D. : a. a. O., S. 37 f.
(33)　Schneider, D. : a. a. O., S. 39.

(34) Schneider, D. : a. a. O., S. 40.
(35) たとえば、共同決定法を回避するために、有限合資会社が設立されるということが当てはまる（Schneider, D. : a. a. O., S. 40)。
(36) Schneider, D. : a. a. O., S. 40.
(37) Riedel, A. F. : a. a. O., S. 12.
(38) Schumpeter, J. : a. a. O., S. 110-117.（塩野谷祐一・中山伊知郎・東畑精一訳『経済発展の理論（上）』198-209 ページ。)
(39) Schumpeter, J. : a. a. O., S. 110 f.（塩野谷祐一・中山伊知郎・東畑精一訳、前掲訳、198、199 ページ。)
(40) Schumpeter, J. : a. a. O., S. 99 f.（塩野谷祐一・中山伊知郎・東畑精一訳、前掲訳、181 ページ。)
(41) 社会的市場経済については、以下も参照。井上 孝「社会的市場経済」大西健夫編『ドイツの経済』早稲田大学出版部、1992 年、11-29 ページ。左藤一義「社会的市場経済の現状と将来」大橋昭一・深山 明・海道ノブチカ編著『日本とドイツの経営』税務経理協会、1999 年、183-199 ページ。
(42) Schneider, D. : Allgemeine Betriebswirtschaftslehre, S. 5 ff. この本の第1版において企業者職能は言及されていない（Vgl. Schneider, D. : Geschichte betriebswirtschaftlicher Theorie, München/Wien 1981)。
(43) Vaughn, K. I. : Austrian economics in America : the migration of a tradition, Cambridge University Press 1994, p. 8.（カレン I. ヴォーン著、渡部 茂・中島正人訳『オーストリア経済学―アメリカにおけるその発展―』学文社、2000 年、11 ページ。)
(44) Vaughn, K. I. : op. cit., p. 1.（カレン I. ヴォーン著、渡部 茂・中島正人訳、前掲訳、1 ページ。)
(45) Mises, L. v. : op. cit., pp. 253 and 254.

第2章　企業者職能論と新制度派経済学

I　序

　前章で明らかにしたように、シュナイダー（Dieter Schneider）は、自らが主張する企業者職能論に基づいて経営経済学の体系化を試み、それを制度の個別経済学と称した。そこでは、不確実性と知識の不均等分布という概念が考察の前提に置かれている。これらは新古典派経済学における完全市場の仮定のもとでは取り上げられていなかった。しかしながら、不確実性はメンガー（Carl Menger）以降のオーストリア学派において欠かすことができない概念であり、シュナイダーはメンガー、ミーゼス（Ludwig E. von Mises）ならびにハイエク（Friedrich A. von Hayek）等の影響を強く受けているのである。

　この企業者職能論においては、所得の不確実性をいかに減少させるのかということが考察されている。そこでは、所得不確実性の減少に取り組む人が企業者と見なされ、彼らによって行使される職能が論じられているのである。この職能は、第1に他人の所得の不確実性を引き受け、制度を構築すること、第2に裁定利益を追求し、外部に対して制度を維持すること、第3に変革を追求し、内部に対して制度を維持することである。これらの職能の観点から企業に関する一般理論が展開されており、それによって企業の設立も説明されるので

ある。新古典派経済学は市場の機能のみに焦点を当て、制度を考察の対象と見なさなかった。しかし、新制度派経済学においては、たとえば企業が市場より効率的に作用する場合に前者が利用されることもあるという考えのもとで、制度としての企業が取り上げられたのである。それに対して、シュナイダーは市場も企業も制度として捉え、それらが所得の不確実性を減少させることに貢献するという見解に基づいて自らの理論を構築した。このように企業の生成が説明されるということにおいて、シュナイダーの理論と新制度派経済学に類似点がある。

近年、このような制度の個別経済学を継承する研究が見られる。その中でも、パウル（Stephan Paul）とホルシュ（Andreas Horsch）は、「その理論が（新—引用者）制度派経済学のさまざまなアプローチ（取引コスト理論、エージェンシー理論および所有権理論—引用者）の基礎を説明するのに有意義である」と主張している[1]。すなわち、シュナイダーの理論はその継承者によって新制度派経済学と関係を有すると考えられているのである。

以上のことから明らかなように、制度の個別経済学および企業者職能論は、オーストリア学派や新制度派経済学の影響を受けている、あるいは、それに影響を与えているであろう。本章においては、それらの理論の発展過程および土台となる基本思考を取り上げ、それらを比較することによってそれらの関係について論じたい。

II　経済学における制度志向的アプローチ

経済学の領域において、新古典派経済学とケインズ主義経済学はさまざまな政策論争を行ってきた。しかし、それらは市場システムの評価に関して対立していたが、制度を考慮しないということにおいては一致していたのである。それに対して、制度の存在を経済学の理論に取り込んだアプローチも存在する。

経済学における制度の考察は古典派経済学にまで起源を遡る。その代表的な研究者であるアダム・スミス（Adam Smith）は、彼が主張する「見えざる手」という考えの中に道徳、慣習ならびに伝統といった規則システムとしての制度を取り入れている。しかしながら、経済学の主流が新古典派経済学へと移行し、そこでの比較静学的な分析方法において、制度の考察は重要性を失うことになったのである[2]。

19世紀の経済学において、再び制度に焦点が当てられるようになった。以下では、その中でも代表的なドイツ歴史学派、オーストリア学派、フライブルク学派そしてアメリカの制度学派について簡単に説明する。

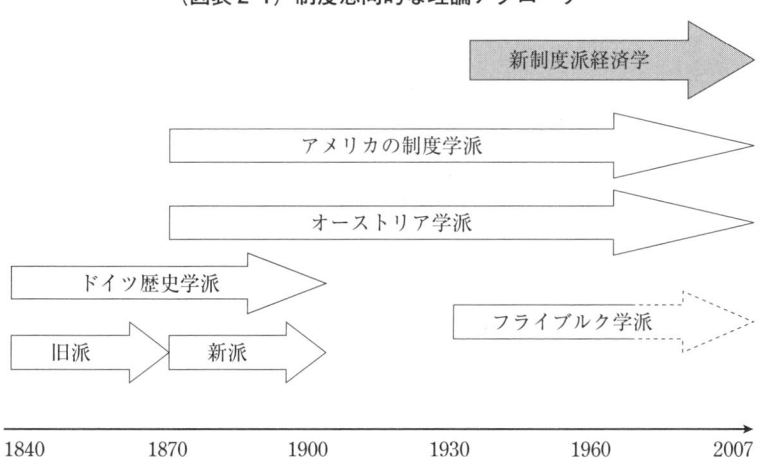

（図表2-1）制度志向的な理論アプローチ

新制度派経済学
アメリカの制度学派
オーストリア学派
ドイツ歴史学派
旧派　新派
フライブルク学派

1840　1870　1900　1930　1960　2007

（出所：Erlei, M., Leschke, M. und Sauerland, D. : Neue Institutionenökonomik, 2. Aufl., Stuttgart 2007, S. 40.）

歴史学派は、歴史的事実から関係者の行動を帰納的に推論することを試み、古典派経済学と対立した。旧歴史学派は1830年から1870年にかけて全盛期を迎え、その創始者であるロッシャー（Wilhelm Georg F. Roscher）は、「さまざま

な国の歴史的なデータを集め、その類似性や発展局面によるフィルターを通すことで、経済の発展法則を導き出そうと試みた」のである[3]。また、新歴史学派は1870年から19世紀末までのドイツの国民経済学を代表するものであったが、そこにおいてもシュモラー（Gustav von Schmoller）等によって、「歴史上の多くの経済データをもとに一般的な関連を帰納的に導くこと」が目指された[4]。その際、新歴史学派は「制度、とりわけ国家によって影響される相互依存的な全体システムとしての国民経済」を研究対象としており、シュモラーはその制度として文化や慣習とともに法律を取り上げたのである[5]。しかしながら、このような研究に対して、「歴史的な事実に都合の良いように古典派の理論やモデルを否定しており、ドイツの国民経済学において理論的な取り組みが行われなくなった」というような批判も見られる[6]。

オーストリア学派の創始者メンガーは、新古典派経済学における非現実的な仮定（たとえば、完全市場）を否定し、現実を直視し、不均衡過程の因果分析を行った[7]。また、彼は歴史学派における歴史的な構成要素を評価する一方で、そこで理論的な取り組みが行われなかったことを批判している。すなわち、歴史学派のシュモラーが歴史的な研究を現実主義に基づいて帰納的に論じているのに対して、オーストリア学派のメンガーは理論志向的な研究において結論を演繹的に導くための抽象化を行ったのである[8]。しかしながら、両者において新古典派経済学における非現実的な仮定が否定され、制度が取り上げられ、そして、その制度が社会を発展させる要因であると主張されていることは共通している[9]。前章でも説明したように、シュナイダーの企業者職能論における制度（企業）の生成に関する説明は、個人によって意図された結果であるが集団的には一部で意図されなかった結果として制度を特徴づけたメンガーの影響を受けていると考えられるのである。

フライブルク学派はオルドー自由主義とも称され、オイケン（Walter Eucken）、ヴェーム（Franz Böhm）およびグロスマン-デュルス（Hans

Grossmann-Dörth）によって創設されたが，オイケンの死によってその発展は終わりを遂げたと言われている[10]。そこでは，規則（制度）の生成ではなく，さまざまな規則（制度）の影響が考察されている[11]。その方法として，オイケンは，メンガーとシュモラーの対立を克服するために，まず歴史的な事実を取り上げ，経済活動の純粋形態を導き出し，その形態からモデルの形成を試みたのである[12]。彼らは市場における競争秩序を維持することの必要性を唱え，第2次大戦後のドイツにおいて社会的市場経済の基盤となる考え方を示した。そこでは，完全に自由な競争市場ではなく，競争秩序を維持するために規制された競争市場が前提とされている。

　このような3つの制度志向的なアプローチは主にヨーロッパで展開されたが，その中の新歴史学派の影響を受けて，19世紀末のアメリカにおいてヴェブレン（Thorstein Veblen）やコモンズ（John R. Commons）によって制度学派が生み出された。ヴェブレンは制度が全体経済の発展に貢献したり抑制したりすると理解したのに対して，コモンズは制度のプラスの機能のみを取り上げたという点において相違が見られる[13]。しかし，彼らはともに，「新古典派経済学におけるように，市場のみが国民経済において財や資源の分配を決める要因ではないことを基礎に置いている」のである[14]。すなわち，そこでは，それらの分配に市場構造や権力構造ならびに法体系などが影響を及ぼすが，市場構造や権力構造は利害関係者の財産や既存の制度によって特徴づけられ，そして，法律の形成は政治権力に依拠していると主張された[15]。

　以上のような制度志向的なアプローチは，当時の経済学において主流であった新古典派経済学への批判として生まれたが，それを代替するものへとは発展しなかった。そして，初期の制度志向的なアプローチは，ケインズ主義経済学の登場とともに，そして，フライブルク学派はオイケンの死によって影響力を失うことになったのである[16]。それに対して，1930年以降新たに，制度を考察の対象とした新制度派経済学が展開されることになった。そこでは，第1

に、市場における制度を正確に分析すること、第2に、純粋な市場取引以外の研究対象に経済的な分析を拡張することが試みられた[17]。以下においては、これらの課題に取り組む新制度派経済学の中心的なアプローチであるエージェンシー理論、取引コスト理論および所有権理論を取り上げることにする。次節において、まずそれらのアプローチの基本的な考え方を明らかにしたい。

Ⅲ 新制度派経済学の基本思考

前述したように、新制度派経済学における代表的なアプローチとしてエージェンシー理論、取引コスト理論および所有権理論がある。これらのアプローチには、それぞれ共通する考え方と相違する考え方が存在している。また、それらがいかなる相互関係を有しているのかについては、さまざまな見解が唱えられている[18]。しかしながら、これらのアプローチが新制度派経済学に属していることから、そこには核となる共通した考え方が存在しているはずである。以下においては、新制度派経済学の基本思考ならびにそれぞれのアプローチの基本思考を取り上げる。

1. 新制度派経済学の基本思考

新制度派経済学の特徴は、新古典派経済学において核となっている仮定を否定し、そして、市場だけではなくさまざまな制度の存在や意義についても明らかにしていることにある。その基礎には、次の2つの前提とひとつのアプローチがある[19]。第1に、新古典派経済学は人間を完全に合理的に活動する経済人と見なしているが、新制度派経済学において人間は完全に合理的に行動するのでもないし、非合理的に行動するのでもないと仮定されている。すなわち、制約された合理性が前提に置かれているのである。なぜなら、後者において、完全市場や情報の均等分布という仮定が現実的ではないということから否定さ

れ、より現実的に、個人間に不完全な情報が不均等に分布していると考えられているからである。第2に、人間はそのような不完全な情報の不均等分布を利用して自らの利益を追求するため、悪意的に行動する可能性があると仮定される。すなわち、人間が機会主義的に行動すると考えられているのである。そこでの基本的な取り組み方は比較制度分析アプローチである。新古典派経済学においては、人間の完全合理性および完全市場という前提のもとで唯一絶対的で理想的なモデルが構築され、この理想モデルと現実が比較される。しかし、新制度派経済学においては唯一絶対的なモデルは存在し得ない。それゆえ、複数の制度が比較分析されたり、あるいは、より効率的な制度が提示されたりするのである[20]。

　以上のように、新制度派経済学は、新古典派経済学において人間の合理性に基づいた完全市場のもとで理想的なモデルが論じられることを否定した。それは、より現実的な前提として人間の制約された合理性と機会主義的な行動、ならびに、市場における不完全な情報の不均等分布という仮定のもとで、新古典派経済学において考慮されなかったさまざまな制度の存在や意義を明らかにしようとしたのである。もちろん、新制度派経済学においてそれ以外にもさまざまな仮定が設けられているが、ここではその中でも基本的で重要なものだけを取り上げている。

2. エージェンシー理論の基本思考

　エージェンシー理論は、財やサービスの交換を委託者（プリンシパル）と受託者（エージェント）の関係という観点から取り上げ、この関係に基づいて制度、とりわけ彼らの間の情報問題を考察している[21]。その際、前述したような新制度派経済学の人間観に従って次のような前提が設けられ、理論が構築されているのである[22]。第1に、プリンシパルとエージェントはともに効用の最大化を試みるが、彼らの利害は必ずしも一致しているわけではないとする。

第2に、両者が有する情報量およびその処理能力には差があるとする。

　これらの仮定のもとでは、エージェントはプリンシパルの意向に反して行動する可能性が生まれることになる。それゆえ、この理論においては、両者が契約を締結する前の隠された情報から生じるアドバース・セレクション、ならびに、契約を締結した後の隠された行動から生じるモラル・ハザードという現象が考察されるのである。これらの問題は、企業の理論において株主と経営者あるいは債権者と経営者の関係として論じられている一方で、保険契約や資金調達契約における情報問題としても取り上げられている。そこでは、プリンシパルとエージェントの情報の不一致からこれらの現象がひき起こされ、それを回避するために、この不一致が取り除かれなければならないとされる。その際に発生するコストがエージェンシー・コストである。

　たとえば企業の株主と経営者において、プリンシパルである株主はエージェントである経営者に自らの意向に添った企業経営を行うように監視することが必要である。それによってモニタリング・コストあるいはコントロール・コストが発生する。それに対して、経営者は自らの行為の正当性を証明するために、株主に釈明する必要がある。このことからボンディング・コストあるいはシグナリング・コストが生じるのである。

　これらの問題は、新制度派経済学における基本思考である不完全な情報の不均等分布、ならびに、人間の機会主義的行動という仮定から導かれる問題である。そのような問題を取り除くという観点、換言すると、それを解決するためのコストを可能な限り少なくするという観点から制度が論じられるのである。さらに、そこではプリンシパルとエージェントの間の調整問題や動機づけ問題が取り扱われている。

3. 取引コスト理論の基本思考

　新古典派経済学においては、完全市場での価格メカニズムによって資源が効

率的に分配されると考えられているが、コース（Ronald H. Coase）は、市場における調整よりも組織内における調整、すなわち権限に基づく調整によって資源がより効率的に分配されることもあると主張する[23]。その際、新古典派経済学の前提が否定され、新制度派経済学における人間の限定的合理性および機会主義が前提とされているのである。そのため、エージェンシー理論と同様に取引コスト理論においても、取引相手を監視したり、自らの情報を発信したりするためのコストが考慮されている。このコストが取引コストと称される。

また、市場において取引するのか、あるいは、市場を通さずに組織内で取引するのかということもこのコストの観点から説明される。たとえば、ある商品を市場で購入するよりも自社で製造した方がコストが小さい場合、企業内にこの商品を生産するための組織が形成されるのである。それと同様に、企業の存在も説明される。

このような取引コストは、取引における不確実性が大きいほど大きくなり、取引の頻度が高いほど小さくなり、そして、資産の特殊性が高いほど大きくなるという特性を有する。このことから、契約関係の特殊性によって、すなわち契約を1度締結したりあるいは投資を行ったりした後の拘束性によって、ホールド・アップ問題がひき起こされるのである[24]。

取引コスト理論においては、このような特性を有する取引コストの観点から、制度および企業の存在意義が考察されている。それによって、企業の環境条件に応じた組織形態ならびに最適な交換プロセスや調整プロセスも説明されるのである[25]。

4. 所有権理論の基本思考

所有権理論においては、個人の行動が財の所有権に基づいて説明される。その際、財の所有権には、「財を利用する権利、財の形態と内容を変更する権利、発生した利潤を自分のものにする権利または損失を負担する義務、および、財

を譲渡し精算による利益を受け取る権利」の4つが含まれる[26]。このような権利の観点から、人間行動における資源分配の効率性が論じられているのである。その考察において外部性と取引コストという2つの概念が重要となる[27]。

現実の世界においては、ある経済主体の行為がひき起こす効果がその人自身ではなく、他の人にプラスあるいはマイナスの影響を及ぼすことがある。このことが外部性と称される。この現象によるマイナスの影響は経済主体自身にマイナスの効果をもたらさないため、当事者はそれを回避しようとしない。それゆえ、資源が非効率的に分配されることになる。したがって、資源を効率的に分配するためには、外部性を内部化する必要がある。すなわち、経済主体にその財の所有権を帰属させなければならないのである。しかしながら、このような内部化にはコスト（取引コスト）が発生する。このことから、所有権理論においては、外部性による非効率的な資源分配がもたらす損失と内部化のための取引コストの合計が最小になるような人間行動が選択されることになるのである[28]。

すべての人間が完全で合理的であるとするなら、財の所有権が明確になり、それはコストを生じさせずに誰かに帰属することになる。それゆえ、財からもたらされる効果がすべてその所有権者に帰属する、すなわち内部化されるのである。しかしながら、所有権理論においては、新制度派経済学に共通した仮定である限定的な合理性を前提とするため、財の所有権が不明確な場合が考えられる[29]。このことが外部性による影響として、そこでの考察の中心となるのである。

Ⅳ　企業者職能論の基本思考

先にも述べたように、シュナイダーは経営経済学の体系化を試みている。現在のドイツにおいても経営学の体系化は重要であると考えられているが、総論

的な経営学が取り組まれているに過ぎない。そのような体系化には核となる理論が必要である。シュナイダーにおいてそれが企業者職能論であり、これに基づいて制度の個別経済学が展開されているのである。以下においては、前章で詳細に述べた企業者職能論を簡単に説明した後に、その前提となる考え方を明らかにする。

　彼は、所得の不確実性およびそれを減少させるための制度という概念のもとで企業者職能論を構築した。そこにおいては、人間の知識が不完全であること、ならびに、人間の知識、意図および能力が不均等に分布していることが前提とされている。そのため、将来に獲得できる所得は完全には予測されず、計画で意図された所得と実際に獲得された所得の間に相違が生じるのである。この差が所得の不確実性と称され、制度の個別経済学においてはこの不確実性を減少させるための制度が考察されている。この制度は「規則システム（秩序）としての制度」と「行動システム（組織）としての制度」から成り立つ[30]。

　また、シュナイダーは、自己責任のもとで自らの知識、労働力およびその他の能力を投入することで所得を獲得するような人すべてを企業者と見なす[31]。それゆえ、彼が用いる企業者の概念は、一般的に用いられている企業者の概念より広範である。しかし、そのような人すべてが企業者であるからといって、彼らすべてが企業者職能を行使するわけではない。多くの人は、自らよりも多くの知識や能力をもつ人に自らの企業者職能を委託するのである。このように企業者職能を委託された人がマネージャー（Manager）と称されている[32]。

　このような企業者が行使する企業者職能として、次の3つが挙げられる[33]。第1の職能は、他人から所得の不確実性を一時的に引き受け、制度を構築することである。企業者は、自らの所得の不確実性を減少させるために、他人から所得の不確実性を引き受けて制度を構築する。企業はそのような制度の典型的な例である。第2の職能は、裁定利益もしくは投機利益を追求し、外部に対して制度を維持することである。企業者は、人間の知識が不完全で不均等に分布

していることを利用して、場所による裁定取引、時間による裁定取引あるいは生産段階での裁定取引などを行うのである。第3の職能は、変革を遂行し、組織内で制度を維持することである。企業者は、裁定利益を獲得するために、市場条件や環境条件の変化に適応しなければならない。場合によっては、ある制度において変革を遂行するために、他の制度を設けることが必要とされることもある。

　以上のように、シュナイダーは、所得の不確実性という観点から制度の個別経済学を構築した。その前提には人間の知識が不完全であり、不均等に分布しているということがある。それに従うと、将来に獲得する所得は不確実であると考えられるが、その不確実性を減少させる人間が企業者と称され、それを実行するために制度が構築されると論じられている。このような所得の不確実性を減少させるための制度という観点から、企業におけるさまざまな問題が考察されるのである。

V　新制度派経済学と企業者職能論の関係

　以上のように新制度派経済学と企業者職能論の基本思考が説明されるが、先に述べたように、後者は前者を説明する基礎を与えるものであると主張されている。それゆえ、両者には何らかの結びつきが見られるはずである。本節においては、これら両理論の基本思考の共通点を明らかにすることによって、それらの関係を考察したい。

　新制度派経済学と企業者職能論の重要な共通点は、新古典派経済学において核となる仮定を否定し、制度を考察の対象としたことである。前者においては、人間の制約された合理性と情報の不均等分布を前提とすることによって、制度の生成や意義が説明されている。後者においては、人間の知識の不完全性から生じる所得の不確実性を減少させるための制度が論じられている。すなわ

ち、これら2つの理論は、人間の知識が完全であるという非現実的な仮定、ならびに、その仮定から導かれる完全市場という概念を放棄することによって、考察の対象を制度に移したのである。

　また、それらの制度がなぜ必要とされるのかということにおいても共通点が見られる。シュナイダーは、第1の企業者職能として他人の所得の不確実性を引き受けることを主張した。その際、それを行う企業者をマネージャーと称している。彼らは、他人の所得の不確実性を減少させるために行動するのではなく、自らの不確実性を減少させることを目的とする。このことは、人間が機会主義的に行動することが前提とされているのである。それゆえ、企業者は自分よりも多くの知識を有する人（マネージャー）に自らの企業者職能の行使を委託するが、この委託においてエージェンシー問題が発生することになる。すなわち、委託者である企業者と受託者であるマネージャーの関係が、彼らの知識差という観点から論じられるのである。なぜなら、委託者は自らの企業者職能を自分よりも多くの専門知識を有する受託者に委託するが、受託者は自らの目的実現を意図するため、委託者の意向に反する場合も考えられるからである。この問題は、まさにエージェンシー理論で取り上げられているテーマである。さらに、企業者職能の委託は、とりわけ株主と経営者の関係だけに限定されるのではなく、さまざまなプリンシパルとエージェントの関係へと拡張されるのである。

　また、取引コスト理論においては、市場を通じて取引を行うのか、あるいは、制度を用いて取引を行うのか、たとえば企業において製造を行うのかということが取引コストという観点から論じられている。その際、取引における不確実性や特殊性がそのコストの大きさに影響を及ぼす。すなわち、この不確実性を減らすためには契約を締結したり、相手を監視したりする必要があるが、その場合、取引コストが増大するのである。それに対して、企業者職能論においては、市場もひとつの制度と見なされ、市場や企業あるいはさまざまな制度

を利用することにより不確実性を減少させるということが考察されている。それゆえ、両者において不確実性を減少させるための制度という共通の考えがあり、それに取り組むための指標として取引コストが利用される。このことから、そこでは不確実性を減少させるための制度を、取引コストを最小にするという観点から導き出すことが課題となるのである。

さらに、企業者職能論において、人間は財、サービスならびにそれらの裁量権を獲得することで自らの欲求を満たすが、それは他人との交換によって満たされると考えられている。この交換は自由意志による取引を意味する。所有権理論においては、財やサービスの所有権およびその取引という観点から、資源分配の効率性が考察されている。その際、最適な資源分配を可能にするような契約が締結される必要がある。取引を行う場合に契約が締結されるが、これは制度の形成と言い換えられる。それゆえ、制度の形成あるいは企業の設立が、それぞれの関係者によって締結された契約という観点から説明されるのである。その場合、それらは最適な資源分配を実現するような契約であり、そして、そのような契約の締結のために所有権がいかに分配されなければならないかということが問題となる。もちろん、この契約は関係者の自由意志に基づいて締結されるものであり、また、その関係者は自らの利害に基づいて機会主義的に行動する。したがって、企業者職能論においては、自由意志に基づく取引によって所得を獲得すること、所得の不確実性を減少させること、ならびに、それを減少させるための制度が論じられている。それに対して、所有権理論は、その取引によって所有権がいかに分配されるのかという観点から、人間の行動あるいは制度の意義を説明しようとしているのである。両者において、取引されているものは財やサービスへの権利、すなわち所有権である。

以上のことから明らかであるように、新制度派経済学のアプローチは企業者職能論と共通の前提を基礎に置いている。先にも述べたように、企業者職能論を用いることで経営経済学の体系化が試みられていることから、この理論は非

常に抽象性が高いものである。そこでは、自己責任で所得を獲得しようとする人すべてが企業者と見なされ、その人が所得の不確実性をいかに減少させるのかということが考察されているため、その対象はかなり広範に定められている。確かに経営経済学において体系化は重要な課題であるが、その一方で、企業におけるさまざまな問題を理論的に解明することも取り組まれなければならないのである。企業者職能論が企業における具体的な問題をどのように分析するのかということはあいまいであり、それを補うために新制度派経済学のアプローチを利用することは有意義であると考えられる。

　前述したように、新制度派経済学は資源分配の効率性という観点から企業の問題を考察している。それは国民経済学の指標であり、それゆえ、国民経済学の立場からその問題に取り組むことになる。したがって、新制度派経済学のアプローチを経営経済学で利用するためには、効率性や経済性などの国民経済学の指標の上位に、経営経済学の指標としての収益性概念を置くことが必要となる。このことを基礎づける理論として企業者職能論が利用されるのである。なぜなら、それらの理論においては制度が取り上げられているが、前者においてはその制度は効率的な資源分配を目的とするものであるのに対して、後者で述べられる制度は所得の不確実性を減少させることを意図しており、企業者職能という側面から理論が展開されているからである。すなわち、経営経済学において新制度派経済学のアプローチを利用する際には、所得の不確実性を減少させるための制度を考察の対象とし、制度によってそれを実現するために、効率的な資源分配が行われなければならないと考えられるのである。このことからも明らかなように、新制度派経済学のアプローチに対して企業者職能論がその考え方の基礎を与えるであろう。

VI 結

　本章においては、シュナイダーの企業者職能論と新制度派経済学の関係を考察した。まず、経済学において主流派であった新古典派経済学やケインズ主義経済学では考察の対象とされなかった制度を扱った理論として、ドイツ歴史学派、オーストリア学派、フライブルク学派ならびにアメリカの制度学派を取り上げた。これらに共通することは、新古典派経済学において前提とされた完全な知識および人間の合理的な行動、そして、それらに基づく完全市場という仮定を放棄したことである。このことによって、それらの理論は市場だけではなく、制度にまで考察の対象を拡げたのである。

　シュナイダーは、その中でもとりわけオーストリア学派から多大な影響を受けている。1930年以降に新制度派経済学が展開されるようになったが、これも先のアプローチと同様に、不完全な知識の不均等分布と人間の制約された合理性を基本仮定としている。この理論にはエージェンシー理論、取引コスト理論および所有権理論という3つのアプローチが含まれている。そして、これらのアプローチすべてが先の基本仮定に基づいて展開されているのである。それらは不完全な知識の不均等分布や人間の機会主義的な行動から制度の形成や意義を明らかにしようとしている。このことは、それらと同様の前提をもとに、企業者が所得の不確実性を減少させるために制度を構築すると考えるシュナイダーの企業者職能論と共通の考え方を有するのである。

　以上のことから明らかなように、経営経済学への新制度派経済学の応用において、国民経済学のアプローチを経営経済学に用いることは、シュナイダーが主張する企業者職能論によって理論的に根拠づけられる。その一方で、経営経済学の体系化を試みた企業者職能論によって企業の問題を論じるには具体的な指標が必要であり、そのためのひとつの方法が新制度派経済学のアプローチを

利用することである。それゆえ、2つの理論は相互補完的な関係にあると考えられるであろう。

(1) Paul, S. und Horsch, A. : Evolutorische Ökonomik und Lehre von den Unternehmerfunktionen, in: Horsch, A., Meinhövel, H. und Paul, S. (Hrsg.) : Institutionenökonomie und Betriebswirtschaftslehre, München 2005, S. 137-156 hier S. 155.
(2) Erlei, M., Leschke, M. und Sauerland, D. : Neue Institutionenökonomik, 2. Aufl., Stuttgart 2007, S. 27.
(3) Erlei, M., Leschke, M. und Sauerland, D. : a. a. O., S. 28.
(4) Erlei, M., Leschke, M. und Sauerland, D. : a. a. O., S. 28 f.
(5) Erlei, M., Leschke, M. und Sauerland, D. : a. a. O., S. 29.
(6) Erlei, M., Leschke, M. und Sauerland, D. : a. a. O., S. 29.
(7) 尾近裕幸「オーストリア学派経済学の系譜」尾近裕幸、橋本　努編著『オーストリア学派の経済学―体系的序説―』日本経済評論社、2003年、1-35ページ、ここでは3ページ。
(8) Erlei, M., Leschke, M. und Sauerland, D. : a. a. O., S. 32.
(9) Erlei, M., Leschke, M. und Sauerland, D. : a. a. O., S. 33.
(10) Erlei, M., Leschke, M. und Sauerland, D. : a. a. O., S. 34.
(11) Erlei, M., Leschke, M. und Sauerland, D. : a. a. O., S. 34.
(12) Erlei, M., Leschke, M. und Sauerland, D. : a. a. O., S. 34-36.
(13) Erlei, M., Leschke, M. und Sauerland, D. : a. a. O., S. 38.
(14) Erlei, M., Leschke, M. und Sauerland, D. : a. a. O., S. 38.
(15) Erlei, M., Leschke, M. und Sauerland, D. : a. a. O., S. 39.
(16) Erlei, M., Leschke, M. und Sauerland, D. : a. a. O., S. 39. その一方で、オーストリア学派ではミーゼスやハイエクがアメリカに場所を移し、研究を続けた。その流れを受け継いだカーズナー (Israel M. Kirzner) 等の研究は、1970年以降のアメリカにおいて再び注目されている (尾近裕幸、前掲稿、25-35ページ)。
(17) Erlei, M., Leschke, M. und Sauerland, D. : a. a. O., S. 41.
(18) Göbel, E. : Neue Institutionenökonomik : Konzeption und betriebswirtschaftliche Anwendungen, Stuttgart 2002, S. 60.
(19) 菊澤研宗編著『業界分析　組織の経済学―新制度派経済学の応用―』中央経

済社、2006 年、2-4 ページ。また、新制度派経済学の仮定については、以下も参照。Erlei, M., Leschke, M. und Sauerland, D. : a. a. O., S. 50-54.
(20) 菊澤研宗編著、前掲書、4 ページ。
(21) Göbel, E. : a. a. O., S. 61 f. アーノルド・ピコー、ヘルムート・ディートル、エゴン・フランク著、丹沢安治・榊原研互・田川克生・小山明宏・渡辺敏雄・宮城　徹共訳『新制度派経済学による組織入門―市場・組織・組織間関係へのアプローチ―』第 4 版、白桃書房、2007 年、72 ページ。
(22) 菊澤研宗編著、前掲書、10 ページ。アーノルド・ピコー他著、丹沢安治他訳、前掲訳、74 ページ。
(23) Göbel, E. : a. a. O., S. 63 f. 菊澤研宗編著、前掲書、5、6 ページ。
(24) 菊澤研宗編著、前掲書、7-9 ページ。
(25) アーノルド・ピコー他著、丹沢安治他訳、前掲訳、67 ページ。
(26) アーノルド・ピコー他著、丹沢安治他訳、前掲訳、47 ページ。
(27) 菊澤研宗編著、前掲書、14-16 ページ。アーノルド・ピコー他著、丹沢安治他訳、前掲訳、48-50 ページ。
(28) Göbel, E. : a. a. O., S. 61. アーノルド・ピコー他著、丹沢安治他訳、前掲訳、50 ページ。
(29) 菊澤研宗編著、前掲書、14、15 ページ。
(30) Schneider, D. : Betriebswirtschaftslehre, 1. Bd. : Grundlagen, 2. Aufl., München/Wien 1997, S. 20 ff.
(31) Schneider, D. : a. a. O., S. 6 und 31.
(32) Schneider, D. : a. a. O., S. 32 f.
(33) Schneider, D. : Allgemeine Betriebswirtschaftslehre, 2. Aufl., München/Wien 1985, S. 8. Ders. : Betriebswirtschaftslehre, 1. Bd., S. 33. Ders. : Betriebswirtschaftslehre, 4. Bd. : Geschichte und Methoden der Wirtschaftswissenschaft, München/Wien 2001, S. 511 f.

第Ⅱ部　経営税務論と投資決定

第3章　経営税務論の課題と方法

I　序

　租税が企業の意思決定に影響を及ぼす要因のひとつであるということは明らかであり、それゆえ、経営学の領域においても多くの問題に租税という要因が組み込まれている。また、企業のグローバル化が進展し、各国における複雑な租税システムが企業に及ぼす影響が大きくなっている現状において、国際的に活動する企業がそれぞれの国で異なる税制を考慮して意思決定を行う必要が生じている。このことからも、租税は企業の意思決定において非常に重要な要因であると考えられるのである。しかしながら、日本の経営学の領域において租税が主要問題として取り組まれることはほとんどない。それに対して、ドイツにおいては、経営税務論（betriebswirtschaftliche Steuerlehre）がひとつの学問として確立されており、また、それを扱う大学講座も開設されている[1]。

　本章においては、まず経営経済学の一部分領域としての経営税務論がドイツでいかに生成し、発展してきたのかという歴史的な展開を取り上げ、そして、その過程において理論がどのように変遷してきたのかということ論じる。その後、その理論の代表的な研究者であるヴェーエ（Günter Wöhe）、ローゼ（Gerd Rose）およびシュナイダー（Dieter Schneider）において、そこで何が課題とさ

れているのか、そして、その理論がいかに構成されているのかということを考察することにより、経営税務論がいかなる学問であるのかということを明らかにしたい。また、経営税務論が経営経済学の一構成要素であるという立場から、その学問的方法も論じる。

II　経営税務論の歴史

　経営税務論がいかなる学問であるのかということを明らかにするために、まずその歴史的な発展過程を考察する。その過程の中で研究課題に変遷が見られるが、それは4つの段階に区分される[2]。経営税務論は、1919年11月10日にフランクフルト新聞に掲載されたフィントアイゼン（Franz Findeisen）による論説がきっかけとなり、その研究が本格的に開始された[3]。それ以前にも課税から生じる経営経済的な問題に関する学問的な取り組みは存在し、その起源は18世紀にも遡ると主張されている。しかし、それらは散発的なものであり、体系的な研究は存在していないのである。1919年以前の散発的な研究が行われていた時期が、経営税務論の生成段階（Frühphase）である[4]。この時期に経営税務論が本格的に取り組まれなかった理由には、第1次大戦以前のドイツでは企業に対する課税の影響は小さく、他の意思決定要因とならんで考慮するに値しなかったことがある。

　しかし、第1次世界大戦の賠償金の支払いならびにワイマール共和国における社会保障政策のために増税が実施され、企業の意思決定に対する課税の影響は大きくなった。それによって、経営税務論は成立段階（Gründungsphase）（1919年-1939年）へと入ることになる[5]。この時期に、フィントアイゼンは租税制度に関する私経済的な側面からの考察を主張し、理論と実務の両面において租税制度に取り組む租税コンサルタント（Steueranwalt）たる職業の創設、ならびに、それに従事する租税専門家を教育するための高等教育機関の開設を唱

えたのである⁽⁶⁾。その後、1919年にフィントアイゼンとシュミット（Fritz Schmidt）によりフランクフルト大学に、そして、1920年にグロスマン（Hermann Großmann）によりライプチッヒ商科大学に経営税務論の講座が設けられた。また、フィントアイゼンは経営税務論の最初の体系化を試みた。その際、「租税経営論（Steuerbetriebslehre）は企業課税の最も目的適合的な形態を研究し、そして、企業課税の既存の種類およびすべての経営経済へのその影響を比較し、かつ、批判するという課題をもつ。それゆえ、租税経営論は経営経済学の一構成要素である」という見解のもとで、その体系化が行われたのである⁽⁷⁾。それゆえ、商人の租税技法（kaufmännische Steuertechnik）はその研究対象と見なされなかった。それに対して、グロスマンによる経営税務論の体系はより広範なものであり、彼はその研究領域に商業の計算技法に関する計算問題を含めた。そこでは、その体系が一般経営経済学に属すると見なされ、それは財政学や法学にも入り込んでいたのである⁽⁸⁾。

このような大学での講座開設や包括的なテキスト作成ならびに理論の体系化により、学問としての経営税務論の制度化（Institutionalisierung）が行われた。1940年代に入ると、その基礎の上に立ったさらなる研究が生まれ、経営税務論は発展段階（Ausbauphase）（1940年‐1959年）へと進んだ⁽⁹⁾。この段階の特徴は、租税計算論（Steuerverrechnungslehre）としての取り組みおよび方法論的な研究に重点が置かれたことである。この時期にアウファーマン（Ewald Aufermann）は租税計算論に取り組み、その理論の発展に貢献した⁽¹⁰⁾。彼の体系はフィントアイゼンやグロスマンによる主張から逸脱し、企業計算制度に関して課税がひき起こす問題に集中的に取り組んだのである。しかし、企業の意思決定への課税の影響が取り上げられておらず、純粋な租税計算論として把握されたため、その点がハーゼナック（Wilhelm Hasenack）によって批判された⁽¹¹⁾。アウファーマンは後の版においてその点を修正したが、そこにおいても租税計算論が中心であり、彼の研究が一般経営経済学の領域すべてに及ぶこ

とはなかったのである[12]。その一方で、経営税務論の学問としての位置づけが問題になったことから、ポーマー（Dieter Pohmer）やシェルプフ（Peter Scherpf）等の研究者が方法論の問題に取り組んだ。ポーマーは経営税務論を経営経済学の一部分領域と見なした。その際、彼は経営概念を広く捉え、家計や行政も含めたため、経営税務論の領域がかなり広く把握されたのである。彼は、「経営内の事象や経営間の事象を市場経済的関係として、そして、国家と経営との間の経済的な結合を財政的関係として」捉え、それに基づいて、経営税務論を「財政的関係ならびにそれの市場経済的関係への影響に関する経営経済的理論」と定義した[13]。この定義に対して、ヴェーエは、「その理論は、一方では経営経済学の対象に属し、他方では国民経済学や財政学の対象に属する問題範囲を統合する」と述べ、その学問的な位置づけを批判したのである[14]。シェルプフは、経営税務論を「経営経済学において完全に独立した立場」と捉え、その理論は「一般経営経済学の構成要素でもなく、特殊経営経済学でもない経営と公法上の領域（öffentlich-rechtliche Sphäre）との相互関係に関する理論であり、その際、この領域は他の学問によっても必要とされる」と主張した[15]。そして、彼は経営税務論を一般経営税務論、特殊経営税務論ならびに国際比較経営税務論（Vergleichende Internationale betriebswirtschaftliche Steuerlehre）に区分して構成した[16]。しかし、彼の体系においても財政学との境界が明確ではなく、方法論的な問題が解決されたとは言えないのである。

1960年代以降、経営税務論の方法論に関する研究も行われていたが、研究の中心は租税影響論（Steuerwirkungslehre）、租税形成論（Steuergestaltungslehre）および課税の国際的問題へと移り、経営税務論は今日まで続く展開段階（Reifephase）（1960年-現在）へと達した[17]。この段階への転換のきっかけとなったのがヴェーエの著書である[18]。彼は、企業における計算制度への課税の影響とともに、企業の構造要因や主要機能への課税の影響、すなわち企業者の意思決定に対する課税の影響を経済的に分析することにより、経営税務論と一

般経営経済学との結びつきを確立したのである[19]。ローゼとシュナイダーは、租税形成論のための確固とした基礎を築くための経営経済的租税影響論 (betriebswirtschaftliche Steuerwirkungslehre) に関する新しいアプローチを展開した[20]。ローゼは、租税影響論を「経営経済に対する租税の影響に関する理論」と把握し、そこで具体的には、「企業の租税負担の最適化ならびにその他の企業計画領域と租税計画との調整」を論じたのである[21]。その際、租税計画においては、企業の租税負担の正確な把握のために数量的な方法として部分税計算 (Teilsteuerrechnung) が利用された。それに対して、シュナイダーは、「税法の経済的分析」を唱え、その課題を「効率的な、すなわち市場経済プロセスを妨げない税法に対する論理的な存在条件を明らかにすること」にあると主張し、経営税務論の規範的な課題を強調したのである[22]。彼らの研究には詳細において方法論的な立場やそこで取り扱う問題に相違が見られるが、そこで共通していることは、企業における課税の影響が個別経済的な観点から分析されていることである。

　これらの研究とならんで、課税の国際的な側面を扱う研究も増えてきた[23]。そこでは、企業のグローバル化やヨーロッパの統合などが進められている状況において、国ごとに異なる租税システムが企業の意思決定にいかなる影響を及ぼすのか、また、企業者がいかに意思決定を為すべきか、あるいは、既存の税法が国際的に効率的であるのかというような問題が取り上げられた。それによって、経営税務論の一部分領域として国際経営税務論が確立されたのである。ここでは、国際経営税務論についてはこれ以上言及しないことにする。以下においては、前述したヴェーエ、ローゼならびにシュナイダーが唱える経営税務論の本質的な課題を考察することによって、経営税務論の構成を明らかにしたい。

III 経営税務論の課題

1. ヴェーエの経営税務論

租税は企業にとって所与のコストであるため、国や地方自治体がいかなる目的で企業に租税を課すのかということを論ずることは、経営税務論の考察対象ではない。ヴェーエによると、経営税務論の課題は、「課税によって生じる経営上の問題を分析し、それに基づいて意思決定代替案を指摘すること」ならびに「企業課税の影響を批判的に研究し、税制改革への提案を行うこと」である[24]。彼はこの課題を次のように3つに区分する。

企業の本質的な目標は利益の獲得であり、租税はそのプロセスに影響を及ぼす要因のひとつである。それゆえ、企業は、利益極大化を目指すプロセスの一環として、可能な限り租税負担を少なくしようと試みるのである。このことから、第1の課題として、「経営の要因やプロセスに租税がいかなる影響を及ぼすのか」、そして、「租税負担を最小にするために企業者はいかなる意思決定を為すべきか」という問題が取り上げられる[25]。これらの課題は、経営要素（経営の構造要因と主要機能）に対する課税の影響を調べる経営経済的租税影響論、ならびに、その知識の基づいて経営目標の実現のためにいかなる意思決定を為すべきかということを考察する経営経済的租税形成論（betriebswirtschaftliche Steuergestaltungslehre）において取り組まれる[26]。すなわち、租税影響論で明らかにされた企業課税の影響に関する知識を用いて、企業における最適な意思決定を追求する租税形成論が展開されるのである。このような第1の課題において企業課税を経営の構造要因や主要機能の問題として論じることによって、一般経営経済学の一部分領域としての経営税務論の立場が確立され、「企業者の意思決定に対する課税の影響に関する経済的な分析への志向」が明確にされたのである[27]。

第2の課題は、「租税に関する簿記規定、貸借対照表規定および評価規定 (steuerliche Buchführungs-, Bilanzierungs- und Bewertungsvorschriften) によって経営の計算制度（betriebliches Rechnungswesen）にいかなる影響が生じるのか」、ならびに、「課税標準の算出や形成のために経営の計算制度がいかに構築されるべきか」ということを考察することである[28]。日本において計算制度の問題は会計学の領域で論じられているが、ドイツではその問題は経営経済学の領域において取り組まれている。それゆえ、一般経営経済学の部分領域である経営税務論においても、課税によって生じる計算制度の問題が取り上げられるのである。

　さらに、経営税務論においては、そのような研究成果に従い、「税法の制定が実際にどのような結果をもたらすかということについての推論を導き出し」、そして、「企業課税改革への提案を行う」ことも為される[29]。このような課題は税法形成論（Steuerrechtsgestaltungslehre）において取り組まれているが、そこでは税制が経営経済学の知識を用いて分析され、その結果が立法機関に提示されるのである[30]。この提案の基準となるのが、課税の公平性や競争中立性などの課税原則である。第3の課題においては、税制がそれらの課税原則を損なわないか、あるいは、その原則を実現するためにはいかなる税制が最適であるのかという目的適合性の観点から研究が行われなければならない。なぜなら、経営税務論は価値自由な学問であり、税制ならびに課税原則に対して倫理的な価値判断を行ってはならないからである。この価値自由の問題に関しては次節において詳述する。

　ヴェーエは、経営税務論を一般経営経済学の構成要素と見なすため、一般経営経済学において扱う範囲内で課税によってひき起こされる問題を考察する。とりわけ、企業者の意思決定に対する課税の影響を経済的に分析することを主要課題とするため、彼にとって第1の課題が経営税務論の本質的な課題であると考えられるであろう。

2. ローゼの経営税務論

ヴェーエと同様に、ローゼも経営税務論を3つの領域に区分している。彼は租税の経営経済的な影響として流動性、財産ならびに組織への影響を挙げる[31]。まず、租税は貨幣給付であるため、租税支払いは租税義務者から租税債権者への流動性の移転をもたらすという影響が考えられる。また、租税は反対給付のない貨幣給付であるため、租税支払いは租税義務者の財産を削減するという影響をひき起こす。さらに、他人の租税支払いを肩代わりする（たとえば、源泉徴収を行う）ために必要な情報組織や処理組織への影響、ならびに、経営の意思決定において租税の影響に関する情報需要を満たすための組織構造への影響という組織への2つの影響がある。経営税務論の第1の領域としての経営経済的租税影響論においては、これらの影響を明らかにすることを課題とするのである。その際、彼は「基本的な租税影響を抽象的に記述するだけではなく、特定の経営事象に結びつけなければならない、すなわち処理関連的な租税影響 (dispositionsbezogene Steuerwirkung) を分析しなければならない」と主張する[32]。そして、先に述べた流動性、財産および組織への租税影響の結合によって生じる処理関連的な租税影響を、経営経済的な事象を定めるあるいは変更するような考えられうるすべての活動に分類することが試みられる。具体的に、処理関連的な租税影響として経営事象（立地や法的形態などの経営構造、経営機能におけるプロセス、期間）への影響、ならびに、税法規定（計算制度やオプションなど）への影響が取り上げられている[33]。このような租税影響の分析においては、まず税法効果が測定され、それが経済的に数量化され、その上で不確定分析 (Ungewißheitsanalyse) が行われる。その結果から代替的な事象評価 (alternative Sachverhaltswertung)、それに基づく代替的な税法効果 (alternative Steuerrechtsfolge)、最終的には数量化された代替的な租税影響 (alternative quantifizierte Steuerwirkung) が求められ、それによって数量的な式が導き出されるのである[34]。

ローゼによると、経営経済的租税影響論で求められた結果は租税計画論や租税政策論に対する前段階であると捉えられる。すなわち、租税影響論によって原因—結果の関係が分析され、その知識に基づいて租税計画論において目的—手段の関係に関する言明が得られるのである[35]。この課題は経営経済的租税計画論（betriebswirtschaftliche Steuerplanungslehre）において取り組まれるが、租税計画の概念についてまだ確固とした定義は存在していない。しかし、一般的な共通認識として、それは、「租税影響に関する経済的な代替案の評価による将来の租税効果についての思考上の先取り（gedankliche Vorwegnahme）」であると理解されている[36]。租税影響論で考慮した範囲に対応して構造関連的租税計画、プロセス関連的租税計画、期間関連的租税計画ならびに租税オプション計画が存在し、それらは同時並行的にあるいは相互に調整されながら実施されるのである。租税計画論は、これらの計画においていくつかの意思決定代替案が目的適合的に選択されたり、あるいは、提案されたりする点において租税影響論と異なる。ローゼは、このような「租税計画の問題への徹底した取り組み、ならびに、租税計画とその他の領域における計画との調整」を経営税務論の主要課題と見なしている[37]。

　第3の課題である税法変更の推奨や税法変更計画への提言は、評価規範的経営税務論（wertend-normative betriebswirtschaftliche Steuerlehre）において取り組まれる[38]。ここでは、税法を目的適合的に形成するために、経営経済学の知識が役立てられるのである。このような税法への提言は、実際に改革提案などが為された場合にのみ行われるのではなく、租税影響論や租税形成論からも税法形成に関して立法や司法あるいは行政機関に問題提起が行われる。この第3の課題はヴェーエにおける第3の課題に相応し、それゆえ価値判断の問題が生ずるが、これも次節において詳述したい。

3. シュナイダーの経営税務論

　経営税務論を一般経営経済学の一部分領域と見なす場合、経営経済学の見解からの租税論ではなく、税法の考慮のもとでの経営経済学が論じられるため、シュナイダーはこれを「税務経営経済学（Steuerliche Betriebswirtschaftslehre）」と称するのが適切であると主張する[39]。しかし、その名称は一般的に受け入れられていない。その一方で、彼は「企業課税（Unternehmensbesteuerung）」という名称を用いる。この考察の対象は企業への課税に限定されず、広く人間や組織などにおける所得の側面すべてを含んでおり、そこでは税法の個別経済的な分析が為されるのである[40]。この分析の前提条件は税法の基礎知識の修得であり、その知識のもとで企業課税に関する理論が構築される。したがって、多くの著書と同様に、企業課税に関する彼の著書においても、税制の説明に多くの紙幅が費やされている。

　シュナイダーにおいては、そのような税制に関する基礎知識をもとに企業課税の研究が行われ、そこでは個別経済理論と同様に3つの課題が存在する[41]。第1に、理論形成においては、観察可能な個別経済的行動と環境条件との関係あるいはその影響を明らかにする説明理論（erklärende Theorie）が展開される。これは企業課税に関しては租税影響論において取り組まれるのである。第2に、説明理論で用いた概念の測定のために測定化理論（metrisierende Theorie）および計算制度論（Theorie des Rechnungswesens）が利用される。企業課税の領域において、このことは租税負担に関する理論（Lehre von der Steuerlast）として考察される。第3に、科学による行動助言を遂行することを課題とする形成理論（gestaltende Theorie）が論じられる。この前提条件として説明理論や測定化理論が存在すること、ならびに、情報の不完全性と不確実性のもとでの意思決定論的な命題が挙げられる。すなわち、不確実性の状況下で説明理論と測定化理論の知識を用いていかなる意思決定を為すべきかということを明らかにすることが課題となるのである。その際、この形成理論は意思決

定の目的に応じて2つに区分される[42]。一方は、行動助言が個人の私的な目的に基づいている実践的形成理論（praktisch-gestaltende Theorie）である。企業課税の領域において、これは租税計画や租税回避の理論（Lehre von der Steuerplanung und Steuervermeidung）として論じられる。もちろん、その考察は合法的な範囲での租税回避に限定される。他方で、分配効率のような全体経済的あるいは社会政策的な目標や課税の均一性のような倫理的な規範に基づく社会的義務理論（gesellschaftlich-verpflichtete Theorie）が存在する。ここでは、課税原則や税制の全体経済的効果がいかに達成されうるのかという問題が、経営経済学の知識を用いて分析されるのである。

　シュナイダーは、このような3つの問題を経営税務論の課題と見なす。先にも述べたように、これらの課題に取り組むことは税法の個別経済的分析であり、それゆえ、彼の主張する企業課税の理論は、個別経済的な租税負担と租税影響の理論である。企業課税に関する彼の個別の研究において、課税原則を基準として現行の税法を批判的に論ずるものが多く存在するため、経営税務論の規範的な課題が重視されていると見なされることもある。しかし、彼が一般経営経済学として体系づけを試みた制度の個別経済学においては、法律などの制度が所与と見なされ、その制度の枠組み内で企業者が自らの知識の優位性を利用して、いかに不確実性を減少させ、裁定利益を獲得するのかということが考察の対象となる[43]。それゆえ、説明理論と測定化理論において租税の影響を取り上げ、数量化するという点、ならびに、第3の課題における租税計画や租税回避の理論で企業者の最適な意思決定を示すという点では、企業課税の理論が制度の個別経済学に属するものであると考えられる。しかしながら、課税原則や税制の全体経済的効果がいかに達成されうるのかという問題は、経営経済学的な観点から考察するという意味において一般経営経済学の一部分領域に入れられるが、それをシュナイダーが唱える制度の個別経済学の体系に組み込むことには矛盾が生じるであろう。

Ⅳ　経営税務論の学問的方法

　このように、経営税務論の代表的な研究者の見解において、経営税務論は一般経営経済学の一構成要素と見なされた。以下では、このことを根拠づけるために、その学問的立場ならびに価値判断の問題を取り上げる。

　ドイツ語圏において、租税を扱う学問として租税学（Steuerwissenschaft）が存在する。これには、租税による公共予算の調達や課税の全体経済的影響を分析する財政学（Finanzwissenschaft）、基本法などにおける税制に関する規定に基づいて税法を評価する税法学（Steuerrechtswissenschaft）ならびに経営税務論が含まれている[44]。租税学においては、租税に関する問題を学際的に取り組むことが実務界から要請されていると主張する研究者も存在する。しかしながら、理論を学問として確立させるためには、その理論の研究対象を明確にする必要がある。すなわち、経験対象と認識対象の相違に注意しなければならないのである。租税学に含まれる3つの学問は租税という共通の経験対象を有するが、それぞれの認識対象は異なる。すなわち、法律学や国民経済学の側面ではなく、あくまでも経営経済学の観点から租税の問題を論ずるということにより、経営税務論はひとつの学問としての地位を確立できるのである。それによって、経営税務論は経営経済学の領域において論じられる。

　さらに、経営経済学が一般経営経済学と特殊経営経済学に区分されることから、経営税務論が経営経済学内でどのような立場にあるのかという問題が生じる[45]。周知のように、特殊経営経済学は、産業部門ごとの問題の特殊性を経営経済学の領域で扱った産業部門論（Wirtschaftszweiglehre）（たとえば、工業経営論、銀行論、保険論など）と企業の主要機能ごとの問題を扱う経営機能論（betriebliche Funktionslehre）（たとえば、経営生産論、経営組織論、経営財務論など）に区分される。確かに租税を扱う職業として税理士などが挙げられるが、

第3章　経営税務論の課題と方法　51

それらはひとつの産業として認められていない。また、課税原則として課税の公平性が一般に受け入れられており、産業ごとに異なる課税はこの原則に矛盾するのである。それゆえ、現実には課税に関して各種産業ごとの特殊性は存在しているが、理論的には課税がすべての産業に共通して関連するものであると見なされる。このことからも、経営税務論は各種産業ごとの特殊理論として存在し得ないのである。その一方で、経営税務論は経営機能論としての特殊経営経済学にも該当しない。なぜなら、経営機能論では企業の生産、販売、財務などの部門における特殊問題が取り上げられるが、企業において租税部門あるいは課税部門は存在せず、租税は企業のすべての部門に関連しているからである。それに対して、一般経営経済学がすべての企業に共通する問題を取り上げるということ、そして、租税もしくは企業課税が企業の意思決定における影響要因のひとつと見なされるということから、経営税務論においては一般経営経済学で取り上げられる問題が租税の側面から考察されるのである。以上のことから、経営税務論は特殊経営経済学として存在するのではなく、一般経営経済学の一構成要素であると考えられる。しかしながら、ドイツの大学においては、カリキュラムの都合あるいはそこで扱う題材があまりにも広範であるということから、経営税務論は一般経営経済学ではなく、特殊経営経済学に組み込まれている。また、テキストにおいても主要課題である企業の意思決定に対する課税の影響以外に、租税に関する基本的な知識に多くの紙幅を費やしているのである。これらのことも学問的な立場の理解を困難にする要因である。

　最後に、経営税務論における価値判断の問題に言及する[46]。一般的に、経営経済学は価値自由な学問として認められており、それゆえ、その構成要素である経営税務論も価値自由でなければならない。しかし、そこでの課題のひとつである税法形成への提言においては価値判断が行われているのではないかという疑問が生じる。もちろん、価値判断は行われるべきではなく、先に述べたヴェーエ、ローゼおよびシュナイダーにおいてもそれは認められていない。し

たがって、価値判断を行わない提言が可能であるのかということが問題になる。経営税務論における税制への提言は、その規定が課税の公平性や均一性ならびに競争中立性といった課税原則に矛盾していないかという観点から行われており、そこには課税原則や税制に対する倫理的な価値判断は含まれていない。あくまでも税制を制定する際の目的ならびに課税原則を当該規定が効率的に達成することができるか否かということが調べられる。それゆえ、そこには経営経済学において一般的に認められていない個人的な評価に基づく倫理的な価値判断は行われておらず、客観的な基準に基づく評価のみが存在するのである。

V　結

　ドイツにおいて、第1次世界大戦後、私経済的側面から租税制度に取り組む租税を専門に扱う職業の確立、ならびに、それに従事する租税専門家の教育のための大学講座の開設を目指し、体系づけられた学問としての経営税務論が生成した。その後、その理論の主要課題は計算制度問題や学問的方法の問題に移り、現在では企業の意思決定に対する課税の影響分析に重点が置かれている。また、この分析とともに、現行の税法を経営経済的な観点から（主として批判的に）考察することも為されている。その際、倫理的な判断を行わずに、課税原則（課税の公平性や競争中立性など）を基準にして、現行の税法がその目的を効率的に達成しているのかということが論じられるのである。

　このような経営税務論の課題と方法から明らかなように、租税は企業におけるすべての領域にかかわる問題であり、それに取り組む経営税務論は一般経営経済学の構成要素であると考えられる。しかし、周知のように、一般経営経済学は体系づけられたものでなければならないが、その体系の中に経営税務論が組み込まれうるかということには疑問が生ずる。たとえば、シュナイダーが主

張する制度の個別経済学において、法律などの制度は所与と見なされ、その制度の枠組みにおいて企業者がいかにして不確実性を減少させるのか、あるいは、裁定利益を獲得するのかということが考察されている。それゆえ、自らの知識の優位性、すなわち税制の不備を利用して意思決定を行うプロセスが論じられなければならない。しかしながら、彼は、経営税務論の課題として、税制が課税原則や税制の全体経済効果をいかに達成するのかという社会的義務理論にも取り組んでおり、このことは制度の個別経済学の枠組みを超えた範囲であると考えられる。このように、確かに経営税務論は一般経営経済学の構成要素であると考えられるが、それが体系づけられた理論の中に矛盾なく組み込まれているかは疑わしい。それゆえ、経営税務論がそのような一般経営経済学の一部分領域として位置づけられるにはさらなる検討が必要であろう。

（1） たとえば、「一般経営経済学はさておき、特殊経営経済学は、商業経営経済学、銀行経営学、工業経営学、経済監査論、経営税務論、経営組織論、経営計画論・ロジスティクス、商業・販売論、企業計算論、経営財務論、保険経営論、市場調査・マーケティング、調達・製品政策、人事経済論をもち、きわめて多彩である。わけても、最初の商業経営経済学、銀行経営学、工業経営学、経済監査論および経営税務論は古く戦前からの学科目として一般経営経済学と並ぶ重要な科目であり、その他の学科目はすべて戦後に新しく設けられたものである」（吉田和夫『ドイツの経営学』同文舘出版、1995 年、133、134 ページ）という見解からも、ドイツにおける経営税務論の伝統を伺うことができる。
（2） Herzig, N.：Steuern — Betriebswirtschaftliche Steuerlehre：von der Verrechnungslehre zur ökonomischen Analyse der Besteuerung, in：Gaugler, E. und Köhler, R.(Hrsg.)：Entwicklungen der Betriebswirtschaftslehre, 100 Jahre Fachdisziplin — Zugleich eine Verlagsgeschichte, Stuttgart 2002, S. 461−473 hier S. 462−469.
（3） Rose, G.：Betriebswirtschaftliche Steuerlehre, 3. Aufl., Wiesbaden 1992, S. 21 f. Herzig, N.：a. a. O., S. 463.
（4） Herzig, N.：a. a. O., S. 463 f.

(5)　Herzig, N. : a. a. O., S. 464 - 466.
(6)　Findeisen, F. : Eine Privatwirtschaftslehre der Steuern, ZfHH, 12. Jg. (1919/1920), S. 163 f. Wöhe, G. : Betriebswirtschaftliche Steuerlehre Ⅰ/1 : Die Steuern des Unternehmens — Das Besteuerungsverfahren, 6. Aufl., München 1988, S. 6. Herzig, N. : a. a. O., S. 463 f.
(7)　Findeisen, F. : Unternehmung und Steuern (Steuerbetriebslehre), Stuttgart 1923, Vorwort S. Ⅲ. Wöhe, G. : a. a. O., S. 7.
(8)　Großmann, H. : Studien und Gedanken über Wirtschaft und Wissenschaft, ZfB, 8. Jg. (1931), S. 793 - 815 und 893 - 919 hier S. 913 - 917. Wöhe, G. : a. a. O., S. 8 f.
(9)　Herzig, N. : a. a. O., S. 466 f.
(10)　Wöhe, G. : a. a. O., S. 9 - 11. Herzig, N. : a. a. O., S. 466.
(11)　Hasenack, W. : Entwicklungsprobleme und Fragestellungen der betriebswirtschaftlichen Steuerlehre (steuerlichen Betriebswirtschaftslehre), BFuP, 5. Jg. (1953), S. 266 - 292 hier S. 286. Wöhe, G. : a. a. O., S. 10 f.
(12)　Aufermann, E. : Grundzüge betriebswirtschaftlicher Steuerlehre, 3. Aufl., Wiesbaden 1959. Wöhe, G. : a. a. O., S. 10 f.
(13)　Pohmer, D. : Grundlagen der betriebswirtschaftlichen Steuerlehre, Berlin 1958, S. 51.
(14)　Wöhe, G. : a. a. O., S. 11.
(15)　Scherpf, P. : Zur Entwicklung der betriebswirtschaftlichen Steuerlehre (Versuch eines einheitlichen Systems), Neue Betriebswirtschaft, 12. Jg. (1959), S. 61 - 65 hier S. 64.
(16)　Scherpf, P. : a. a. O., S. 64 f.
(17)　Herzig, N. : a. a. O., S. 467 - 469.
(18)　Wöhe, G. : Betriebswirtschaftliche Steuerlehre Ⅰ/1. Ders. : Betriebswirtschaftliche Steuerlehre Ⅰ/2 : Der Einfluß der Besteuerung auf das Rechnungswesen des Betriebes, 7. Aufl., München 1992. Ders. : Betriebswirtschaftliche Steuerlehre Ⅱ/1 : Der Einfluß der Besteuerung auf die Wahl und den Wechsel der Rechtsform des Betriebes, 5. Aufl., München 1990. Ders : Betriebswirtschaftliche Steuerlehre Ⅱ/2 : Der Einfluß der Besteuerung auf Unternehmenszusammenschlüsse und Standortwahl im nationalen und internationalen Bereich, 4. Aufl., München 1996.
(19)　Wöhe, G. : Betriebswirtschaftliche Steuerlehre Ⅰ/1, S. 14 ff.
(20)　Wöhe, G. : a. a. O., S. 18 f.
(21)　Wöhe, G. : a. a. O., S. 18 f. Rose, G. : a. a. O., S. 18. Herzig, N. : a. a. O., S. 468.

第3章 経営税務論の課題と方法 55

(22) Schneider, D. : Betriebswirtschaftliche Steuerlehre als Steuerplanungslehre oder als ökonomische Analyse des Steuerrechts ?, in : Fischer, L.(Hrsg.) : Unternehmung und Steuer, Festschrift zur Vollendung des 80. Lebensjahres von Peter Scherpf, Wiesbaden 1983, S. 27-37 hier S. 33-35. Ders. : Grundzüge der Unternehmensbesteuerung, 6. Aufl., Wiesbaden 1994, S. 72.
(23) Vgl. hierzu z.B., Kleineidam, H.-J. : Zur Weiterentwicklung der betriebswirtschaftlichen Steuerlehre, ZfB, 40. Jg. (1970), S. 105-118.
(24) Wöhe, G. : a. a. O., S. 23. Wöhe, G. und Bieg, H. : Grundzüge der betriebswirtschaftlichen Steuerlehre, 4. Aufl., München 1995, S. 1.
(25) Wöhe, G. : a. a. O., S. 24 f. Wöhe, G. und Bieg, H. : a. a. O., S. 1.
(26) Wöhe, G. : a. a. O., S. 25. Wöhe, G. und Bieg, H. : a. a. O., S. 1.
(27) Schneider, D. : Theorie und Praxis der Unternehmensbesteuerung, ZfbF, 19. Jg. (1967), S. 206-230 hier S. 210. Herzig, N. : a. a. O., S. 468.
(28) Wöhe, G. : a. a. O., S. 25. Wöhe, G. und Bieg, H. : a. a. O., S. 1 f.
(29) Wöhe, G. : a. a. O., S. 25. Wöhe, G. und Bieg, H. : a. a. O., S. 2.
(30) Wöhe, G. : a. a. O., S. 25-29. Wöhe, G. und Bieg, H. : a. a. O., S. 2 f.
(31) Rose, G. : a. a. O., S. 15 f.
(32) Rose, G. : a. a. O., S. 17.
(33) Rose, G. : a. a. O., S. 17.
(34) Rose, G. : a. a. O., S. 17 f.
(35) Rose, G. : a. a. O., S. 19.
(36) Rose, G. : a. a. O., S. 19.
(37) Herzig, N. : a. a. O., S. 468.
(38) Rose, G. : a. a. O., S. 19 f.
(39) Schneider, D. : Betriebswirtschaftliche Steuerlehre als Steuerplanungslehre oder als ökonomische Analyse des Steuerrechts ?, S. 28. Ders. : Grundzüge der Unternehmensbesteuerung, S. 70.
(40) Schneider, D. : a. a. O., S. 70.
(41) Schneider, D. : a. a. O., S. 71 f.
(42) Schneider, D. : a. a. O., S. 72.
(43) 企業者職能論の観点からの企業課税の取り組みについては、本書第7章を参照。Vgl. Schneider, D. : Betriebswirtschaftslehre, 3. Bd. : Theorie der Unternehmung, München/Wien 1997, S. 644.
(44) Wöhe, G. : a. a. O., S. 30.

（45） Wöhe, G. : a. a. O., S. 30－46.
（46） Wöhe, G. : a. a. O., S. 47－53.

第4章　経営税務論と租税パラドックス

I　序

　前章でも述べたように、税制が企業の意思決定に影響を及ぼすことは明らかであり、経営経済学においても考察されるべきひとつの領域である。ドイツでは経営税務論においてその問題が論じられているが、それは税制の説明に終始することが多い。しかしながら、経営経済学の領域において企業課税の問題が取り組まれる場合、企業の意思決定に税制がいかなる影響を及ぼすのかということが考察されなければならないのである。

　税制による企業への影響は、企業目標、企業政策ならびに企業全体の意思決定過程において見られる。その際、企業課税は支出や費用として企業目標の実現に影響を及ぼす。この影響が企業にとって有利になるように、税制に配慮した企業政策が立てられ、それが企業戦略に組み込まれるのである。II節において、このような企業の意思決定過程に対する企業課税の影響について明らかにする。

　さらに、企業における意思決定を投資決定に限定する。投資決定においても他の意思決定と同様に、租税は考慮に入れられるべき要因のひとつである。その際、課税の影響として租税パラドックス（Steuerparadoxon）という現象が取

り上げられなければならない。これは、租税を考慮する前の意思決定と租税を考慮した後の意思決定でその優先順位が異なるという現象である。Ⅲ節において、この租税パラドックスを具体例を用いて説明する。

Ⅳ節では、投資決定と課税との関係においていかなることが問題になり、そして、その問題がいかに考察されるのかということを取り上げる。その際にキーとなるのが租税パラドックスである。この現象の観点から、投資決定への税制の影響が論じられるのである。このことによって、経営税務論の領域において企業の投資決定に取り組む立場を明らかにしたい。

Ⅱ 経営税務論と意思決定

シュルト（Eberhart Schult）は、経営税務論、すなわち租税志向的一般経営経済学（steuerorientierte allgemeine Betriebswirtschaftslehre）として経営経済学の領域において企業課税の問題を論じている[1]。そこでは、次の4つのことが経営税務論の課題と見なされるのである[2]。まず、本質的な課題は、意思決定への課税の影響を把握すること、ならびに、その影響を考慮した意思決定を示すことである。この本質的な課題は、租税影響論（Steuerwirkungslehre）や租税形成論（Steuergestaltungslehre）において取り組まれている[3]。このような課題に対して、補助的な課題として税法の基礎的な知識の把握、そして、規範的な課題として税法および国や地方自治体による租税政策に対する全体経済的な観点からの分析が挙げられる。経営税務論に関する多くの著書は租税制度の説明に終始しているが、税法の基礎知識の把握は補助的な課題であり、その説明に重点が置かれるべきではない。また、全体経済的あるいは倫理的な観点から税法や政府による租税政策の適切性を考察する研究も多く見られるのである。このような全体経済的から税法の不適切性を指摘することは財政学の領域でも行われている[4]。以下においては、経営経済学の本質的な課題である租税

影響論的考察と租税形成論的考察に限定する。

　企業の意思決定への課税の影響として、企業目標への影響、企業政策への影響ならびに企業全体の意思決定過程への影響が考えられる[5]。まず、企業目標には経済性原理に基づく製品目標、収益経済性原理に基づく成果目標（利益目標）そして財務経済性原理に基づく流動性目標がある[6]。企業目標においては利益目標が最上位に置かれ、製品目標と流動性目標は利益目標を達成するための手段もしくは制約と見なされる。また、経営財務論において、利益目標と流動性目標の関係が取り上げられる。すなわち、流動性目標の達成という制約条件のもとで利益目標がいかに達成されるのかということを前提にして、企業における財務的な問題が考察されるのである。企業者は独自にそれらの目標を設定するが、課税はその目標の達成に影響を及ぼす要因のひとつである。それゆえ、「租税は租税コストとして成果目標に、そして、租税支出として流動性目標に」影響を及ぼすのである[7]。したがって、企業者は意思決定において課税に配慮しなければならず、その領域は経営上の租税政策（betriebliche Steuerpolitik）と称される。

　租税政策は広義の租税政策と狭義の租税政策に区分される[8]。広義の租税政策は、意思決定においてさまざまな影響要因のうちのひとつと見なされる課税に対する企業政策であり、企業目標を達成するための手段のひとつである[9]。それに対して、狭義の租税政策は、その意思決定において唯一の影響要因である課税に対する企業政策であり、たとえば税務貸借対照表政策（Steuerbilanzpolitik）などである。

　また、租税政策は、構造的な（konstitutiv）意思決定と機能的な（funktional）意思決定の両方において実施される。構造的な意思決定においては主として広義の租税政策が実施され、これは成果目標や流動性目標の達成に影響を及ぼす[10]。それに対して、機能的な意思決定（たとえば調達、生産、販売などの領域における短期的な意思決定）の場合、課税は3つの企業目標それぞれの達成に影

響を及ぼすとともに、すべての目標に対して広義の租税政策と狭義の租税政策が実施されるのである。

さらに、企業政策は部分政策（販売政策、生産政策、調達政策、資本調達政策、貸借対照表政策ならびにオプション政策）に区分されるが、その際、「意思決定変数はもっぱら支払いの流れの大きさおよび時点を決める要素に過ぎない」のである[11]。すなわち、企業政策は支払いの大きさと時点に関する政策であり、それゆえ、租税額とその支払い時期に関する租税政策は企業政策の一部である。

広義の租税政策においては、企業政策への課税の影響を考察することで、課税によっていかなる企業政策が有利になるかということが明らかにされるのである。このような課税の考察は三段階の基準（Drei-Phasen-Schema）が満たされる場合にのみ、企業政策に関する計画に組み込まれる[12]。それに対して、狭義の租税政策においては、貸借対照表政策やオプション政策が企業政策として遂行され、それによって企業は税制上の有利性を獲得するであろう。

このような企業政策の一部である租税政策が企業全体の意思決定過程にいかに組み込まれるのかということを明らかにする。先に述べたように、企業の意思決定は構造的な意思決定過程と機能的な意思決定過程から成り立っている。その際、構造的な意思決定は企業の最上位の意思決定レベルで行われ、課税は意思決定目標の達成に影響を及ぼすものとして考慮に入れられる。実際には、その両方の意思決定が密接に関わり合い、企業全体の意思決定過程は構成されているのである[13]。したがって、企業全体の意思決定過程が同時―連続的な意思決定過程として考察される。

以上のような企業の意思決定における課税の考慮は、三段階の基準が満たされる場合にのみ行われる。この三段階の基準では、「第1段階において、意思決定に影響を及ぼす経済的要因値が税法上の課税標準と関係があるのかということ、第2段階において、課税が投資代替案の優先順位を変更させるのかとい

第4章　経営税務論と租税パラドックス　61

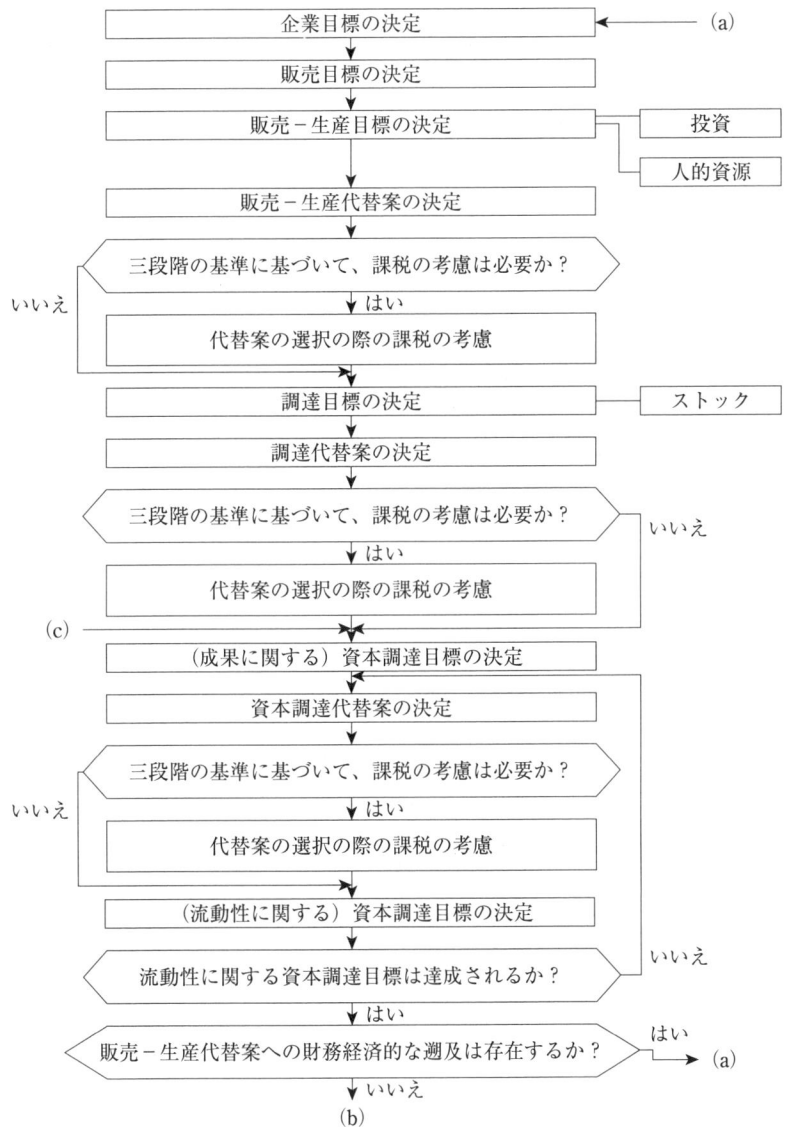

（図表4-1）企業課税の考慮のもとでの同時―連続的な意思決定過程（広義の租税政策）

```
                    ┌─────────────────┐
                    │  企業目標の決定   │◄───── (a)
                    └────────┬────────┘
                    ┌────────▼────────┐
                    │  販売目標の決定   │
                    └────────┬────────┘
                    ┌────────▼────────┐      ┌──────┐
                    │ 販売－生産目標の決定 ├──────┤ 投資 │
                    └────────┬────────┘      ├──────┤
                             │                │人的資源│
                    ┌────────▼────────┐      └──────┘
                    │ 販売－生産代替案の決定 │
                    └────────┬────────┘
              ┌─────◄ 三段階の基準に基づいて、課税の考慮は必要か？ ►
        いいえ │            ▼はい
              │   ┌─────────────────┐
              │   │ 代替案の選択の際の課税の考慮 │
              │   └────────┬────────┘
              │   ┌────────▼────────┐      ┌──────┐
              └──►│  調達目標の決定   ├──────┤ストック│
                  └────────┬────────┘      └──────┘
                  ┌────────▼────────┐
                  │  調達代替案の決定  │
                  └────────┬────────┘
                  ◄ 三段階の基準に基づいて、課税の考慮は必要か？ ►──┐ いいえ
                           ▼はい                                  │
                  ┌─────────────────┐                           │
                  │ 代替案の選択の際の課税の考慮 │                │
                  └────────┬────────┘                           │
(c) ─────────────►┌────────▼────────┐                           │
                  │(成果に関する)資本調達目標の決定│◄────────────┘
                  └────────┬────────┘
                  ┌────────▼────────┐
                  │ 資本調達代替案の決定 │
                  └────────┬────────┘
              ┌─────◄ 三段階の基準に基づいて、課税の考慮は必要か？ ►
        いいえ │            ▼はい
              │   ┌─────────────────┐
              │   │ 代替案の選択の際の課税の考慮 │
              │   └────────┬────────┘
              │   ┌────────▼────────┐
              └──►│(流動性に関する)資本調達目標の決定│
                  └────────┬────────┘
                  ◄ 流動性に関する資本調達目標は達成されるか？ ►──┐いいえ
                           ▼はい                                │
                  ◄ 販売－生産代替案への財務経済的な遡及は存在するか？►─── はい ──► (a)
                           ▼いいえ
                          (b)
```

62　第Ⅱ部　経営税務論と投資決定

〔図表4-2〕企業課税の考慮のもとでの同時─連続的な意思決定過程（狭義の租税政策）

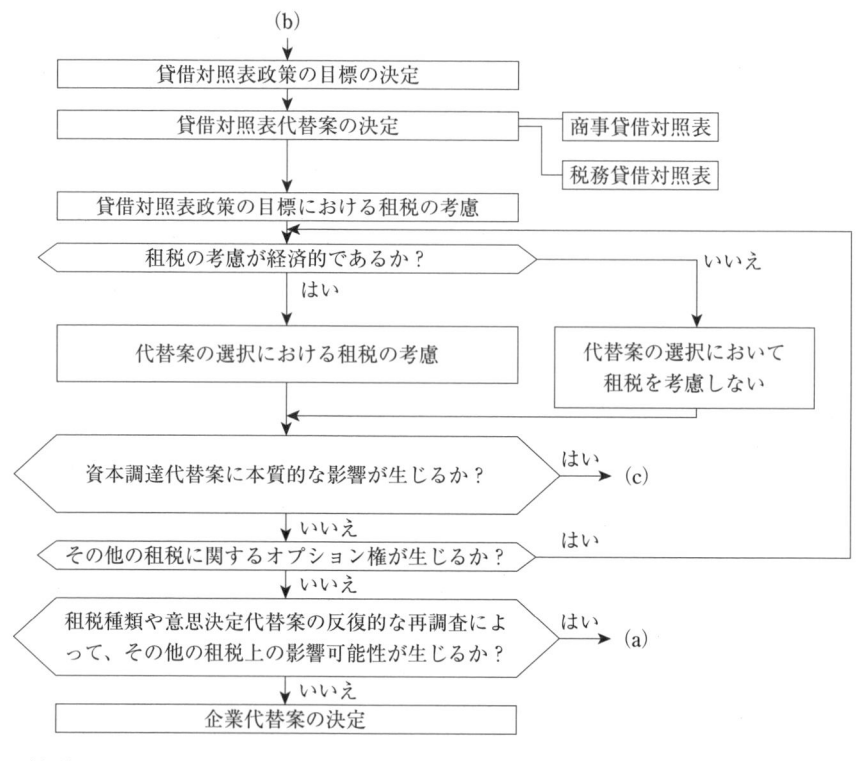

```
                          (b)
                           ↓
              ┌──────────────────────┐
              │  貸借対照表政策の目標の決定  │
              ├──────────────────────┤
              │  貸借対照表代替案の決定    ├──── 商事貸借対照表
              └──────────────────────┘      
                           ↓                  税務貸借対照表
              ┌──────────────────────┐
              │ 貸借対照表政策の目標における租税の考慮 │
              └──────────────────────┘
                           ↓
                  ＜租税の考慮が経済的であるか？＞──いいえ──┐
                           │はい                         ↓
              ┌──────────────────────┐   ┌──────────────────┐
              │ 代替案の選択における租税の考慮 │   │ 代替案の選択において │
              └──────────────────────┘   │ 租税を考慮しない    │
                           │              └──────────────────┘
                           ↓                         │
                  ＜資本調達代替案に本質的な影響が生じるか？＞──はい──→ (c)
                           │いいえ
                           ↓
                  ＜その他の租税に関するオプション権が生じるか？＞──はい──┐
                           │いいえ                                      │
                           ↓                                            ↓
                  ＜租税種類や意思決定代替案の反復的な再調査によ ＞──はい──→ (a)
                  ＜って、その他の租税上の影響可能性が生じるか？＞
                           │いいえ
                           ↓
                  ┌──────────────┐
                  │  企業代替案の決定  │
                  └──────────────┘
```

（出所：Schult, E. : Betriebswirtschaftliche Steuerlehre : Einführung, 3. Aufl., München/Wien 1998, S. 24 f.）

うこと、そして、第3段階において、課税を考慮することの経済性が調べられる」のである[14]。第1段階と第2段階において課税の影響が確認され、さらに、第3段階において課税を考慮することが経済的であると見なされる場合にのみ、租税政策は企業の同時─連続的な意思決定過程に組み込まれるのである。その際、広義の租税政策は狭義の租税政策よりも先に意思決定過程において考慮される。このような企業課税を考慮した場合の企業全体の同時─連続的

な意思決定過程は、図表4-1と図表4-2において示される。

このように意思決定において課税がいかに考慮されるのかということが示されるが、以下では投資決定に限定して、それへの課税の影響を取り上げる。投資決定においても他のすべての意思決定と同様に三段階の基準が満たされる場合にのみ、企業課税の考慮が必要となる。したがって、投資決定における経済的要因値が課税標準と関連し、それがその意思決定を規定し、また、このような考察が経済的であると見なされるということが、投資決定において課税を考慮するための条件となるのである。しかしながら、課税を考慮することが経済的であるか否かということは一般的に言明されない。そのため、ここでは第1の基準と第2の基準に焦点を当てることによって、経営税務論においていかに投資決定が論じられるのかということを明らかにしたい。

Ⅲ 投資決定と租税パラドックス

企業者が資本価値（Kapitalwert）に基づいて投資決定を行う場合、実物投資（Sachinvestition）とその代替案としての金融投資（Finanzinvestition）のそれぞれの資本価値が比較される[15]。これらの比較によって投資決定が行われる。その際、実物投資において減価償却による資本調達（Abschreibungsfinanzierung）が考えられる。すなわち、実物投資の場合、「減価償却の大きさで収益税支出（ErSt-Ausgabe）が繰り延べられ、さらに税務署による無利子の収益税信用（zinsloser ErSt-Kredit）が与えられる」のである[16]。減価償却による資本調達量は収益税支出と減価償却額を乗ずることによって算出されるが、その際、利子率は収益税分だけ引き下げられる。このことから、「減価償却による資本調達量が大きいほど、そして、利子率が高いほど、その資本調達における租税に関する有利性は大きくなる」のである[17]。減価償却と収益税の影響によって、収益税を考慮しない場合の資本価値がマイナスである投資が、収益税を考慮し

64 第Ⅱ部　経営税務論と投資決定

た場合にその資本価値がプラスになることがある。このような現象が収益税パラドックス（ErSt-Paradoxon）と称される[18]。

以下においては、租税パラドックスたる現象を説明するために、金融投資と実物投資のそれぞれの資本価値を課税を考慮する前後で比較する。金融投資の資本価値は、租税を考慮しない場合（K_f）と収益税を考慮した場合（K_{fs}）に、それぞれ以下の式から導き出されるが、ここでは両方とも0になるとする[19]。

$$K_f = -I + I \cdot d \cdot b + \frac{I}{(1+d)^n}$$

$$K_{fs} = -I + I \cdot d_s \cdot b_s + \frac{I}{(1+d_s)^n}$$

　　I　投資額、n　投資期間、s　収益税率
　　d　計算利子率、d_s　収益税後の計算利子率（$d_s = d \cdot (1-s)$）
　　b　年金現価係数[20]、b_s　収益税後の年金現価係数

次に、実物投資の資本価値に対して、投資額を100万、収入余剰を毎年一定の263,797、計算利子率を10％、収益税を60％、投資期間を5年と仮定する[21]。このような仮定のもとでは、金融投資の資本価値は租税を考慮する前後でともに0となる。それに対して、実物投資の資本価値は、租税を考慮しない場合（K）と収益税を考慮した場合（K_s）にそれぞれ以下の式から算出される[22]。その際、後者の資本価値を定額的な減価償却の場合と即時の減価償却の場合で区分する。

$$K = -I + G \cdot b$$

$$K_s = -I + \left[G - \left(G - \frac{I}{n} \right) \cdot s \right] \cdot b_s \quad (定額的な減価償却の場合)$$

$$K_s = -I \cdot (1-s) + G \cdot (1-s) \cdot b_s \quad (即時の減価償却の場合)$$

G 毎年一定の年度収入余剰

　この例において、収益税を考慮しない場合の実物投資の資本価値はおよそ0である。それゆえ、金融投資と租税を考慮しない場合の実物投資は中立的である。それに対して、実物投資において定額的な減価償却の場合、収益税を考慮することによって、その資本価値は3,969へと増大し、金融投資の資本価値より大きくなる。即時の減価償却の場合、その資本価値はさらに増大し、約69,751になる。したがって、この例においては、収益税を考慮した場合の資本価値は、金融投資の資本価値や収益税を考慮しない場合の実物投資の資本価値よりも大きくなる。すなわち、この実物投資は収益税を考慮しない場合に金融投資に対して中立的であったのに対して、収益税を考慮することにより有利になるという租税パラドックスが生じるのである。また、この例からも明らかなように、租税パラドックスは、減価償却によって課税標準を将来に転嫁することによってひき起こされるのである。

Ⅳ　経営税務論と投資決定

　企業の意思決定において租税が考慮されなければならない要件は、租税が課税標準に影響を及ぼし、そして、意思決定に変更をもたらすことである。このことは、投資決定において租税パラドックスが生じていることを意味する。以

下においては、投資決定における課税の影響が経営税務論でいかに論じられるのかという問題を、この租税パラドックスに関連させて考察する。

　企業の投資決定はさまざまな方法によって評価されるが、経営財務論あるいは財務管理論においては正味現在価値法が理論的に最も優れていると考えられている。したがって、ここでは正味現在価値法のもとで投資決定と租税との関係を明らかにする。一般的に課税原則として課税の投資中立性が認められているため、理論的には租税は企業の投資決定に影響を及ぼさない。すなわち、租税支払いによって企業の支出が増大させられるが、この支出によって投資代替案の優先順位は変わらないのである。ここで用いる課税の投資中立性という概念は、一般的に認識されているものと異なり、租税を考慮する前後で投資代替案の優先順位が変更されないということを意味している[23]。この原則に基づいた税制は課税の投資中立性にそうものでなければならないが、実際の税制はそのように規定されていない。それゆえ、税制が社会政策的な目的に基づいて定められることもあるという理由から、課税の影響によって投資代替案の優先順位が変わるということも考えられるのである。このことが租税パラドックスをひき起こすことになる。経営税務論において投資決定を論ずる場合には、この租税パラドックスを取り上げることがひとつのテーマとなる。

　租税パラドックスを考察する際には2つの課題が考えられる。第1の課題は、一般的な投資決定においてこの現象がなぜ発生するのかということを明らかにすることである。減価償却費は現金支出を伴わない費用であるため、正味現在価値法においては減価償却額分の内部留保による利子効果（Zinseffekt）が発生する。その際、この効果は減価償却額と計算利子率（資本コスト）を乗じた大きさである。また、減価償却による利子効果と課税の関係において、減価償却費が費用として計上されることから、そこで内部留保された金額が課税されないため、租税支払いが後の期間に繰り越される租税繰越と同様の効果が生じる。これらのことから、後の期間に繰り越された金額、すなわち減価償却額

に税率を乗じた金額に計算利子率を乗じた大きさが、減価償却と課税によってもたらされる利子効果であり、これによって租税パラドックスがひき起こされるのである[24]。また、この減価償却による影響において、計算利子率すなわち資本コストへの課税の影響も考慮されなければならない。計算利子率に税率をいかに反映させるのかということについてはさまざまな主張が見られるが、現在では資本コストから税率を差し引いた利子率を用いるというものが一般的である[25]。

　租税パラドックスを論じる場合の第2の課題として、現行の税制の枠組みにおいて租税パラドックスが発生しうるのかということ、また、行政によるさまざまな投資促進措置が投資決定にいかなる影響を及ぼすのかということが論じられなければならない。先に述べた第1の課題においては、投資決定への租税の影響に関する一般的な問題が理論的に考察されている。それに対して、第2の課題においては、租税パラドックスおよび課税の投資中立性という観点から現行あるいは将来の税制が（主に批判的に）分析されたり、または、地域限定、期間限定あるいは産業限定などの限定的に実施される投資促進措置に課税がいかなる影響を及ぼすのかということが論じられたりするのである[26]。

　以上のことから明らかなように、経営税務論は企業の意思決定への課税の影響を個別経済的な観点から分析することを課題としたが、投資決定においては、その影響が投資中立性という観点から考察されるのである。その際、租税パラドックスという現象に焦点が当てられる。この観点から投資決定への課税の影響が分析され、さらに税制が課税の投資中立性に相反していないかということが調べられたり、投資促進措置と課税の関係から投資促進措置が効率的にその目的を達成しているかということが論じられたりするのである。このことは、先に述べた経営税務論自体の課題にそうものである。

V 結

　たとえば会計学において税効果の問題が取り上げられているように、近年、さまざまな研究領域において租税の問題が論じられている。しかし、日本の経営学において企業課税の問題はほとんど取り上げられていない。また、ドイツではこの問題に多くの経営経済学者が取り組んでいるが、そこでは租税制度の説明に重点が置かれているのである。

　本章においては、経営経済学における企業課税の問題として企業の意思決定への租税の影響を取り上げた。すなわち、課税が企業目標の達成、企業政策および企業全体の意思決定過程にどのような影響を及ぼし、どのように組み込まれるのかということを明らかにした。その際、前述した三段階の基準が満たされる場合にのみ、企業政策において課税が考慮され、そして、租税政策が企業戦略に組み込まれるのである。

　さらに、企業の意思決定を投資決定に限定することによって、経営税務論において投資決定がいかに論じられるのかということを明らかにした。減価償却の影響により租税パラドックスという現象がひき起こされる。この現象が生じた場合、先の三段階の基準において、企業課税が課税標準に影響を及ぼし、そして、意思決定の優先順位を変更するという条件が満たされているのである。このような租税パラドックスが経営税務論において投資決定を考察する際のキー概念となる。すなわち、そのような現象がなぜ発生するのかという原因を究明すること、あるいは、現行または将来の税制において租税パラドックスは発生するのかを検討すること、言い換えると、課税の投資中立性という観点から税制を分析することが、経営税務論において投資決定を扱う場合の課題となるのである。

　このように、租税が意思決定（投資決定）にいかなる影響を及ぼすのかとい

うこと、また、それを踏まえていかなる意思決定を為すべきかということを考察することは経営経済学の課題であると同時に、租税学の課題でもある。このことから、経営税務論における投資決定の問題は、租税影響論および租税形成論において論じられなければならない。

(1) Vgl. Schult, E. : Betriebswirtschaftliche Steuerlehre : Einführung, 3. Aufl., München/Wien 1998, S. 2 ff. しかし、一般的に、経営税務論は、租税志向的一般経営経済学として体系づけられたものではなく、もっぱら企業における意思決定に役立つように個々の意思決定への課税の影響を考察しているに過ぎない。
(2) Schult, E. : a. a. O., S. 4 f.
(3) 前章で示したように、さまざまな研究者によって行われた経営税務論における課題の分類には相違が見られるが、それらの課題自体に大きな差異はない。このことに関しては、以下も参照。田渕　進『西ドイツ経営税務論』森山書店、1986年、3-26ページ。同「ドイツ経営学と経営税務論」海道ノブチカ・深山明編著『ドイツ経営学の基調』中央経済社、1994年、122-142ページ。
(4) Schnieder, D. : Grundzüge der Unternehmensbesteuerung, 6. Aufl., Wiesbaden 1994, S. 20-48. Ders. : Betriebswirtschaftslehre, 1. Bd. : Grundlagen, 2. Aufl., München/Wien, 1995, S. 55. 田渕　進、前掲書、27-51ページ。同、前掲稿、122-142ページ。
(5) Schult, E. : a. a. O., S. 5-12.
(6) Schult, E. : a. a. O., S. 5-12.
(7) Schult, E. : a. a. O., S. 8.
(8) Schult, E. : a. a. O., S. 8-12.
(9) たとえば、企業の立地に関する意思決定において、租税支出や補助金収入を考慮した上で、資本価値が最大になる立地が選択される。
(10) しかし、狭義の租税政策がまったく実施されないわけではない。実際に、構造的な（立地や法的形態などの）意思決定の大部分において、さまざまな要因のひとつとして課税に配慮した広義の租税政策が実施されるが、狭義の租税政策として、たとえば企業の法的形態の選択において課税のみに配慮して法的形態が変更される場合がある。
(11) Schult, E. : a. a. O., S. 13.

(12) Schult, E. : a. a. O., S. 22 f.
(13) Schult, E. : a. a. O., S. 18 ff. 同時的な意思決定として、販売と生産の領域や外部計算制度の領域が挙げられ、連続的な意思決定として、その他の意思決定領域が挙げられる。
(14) Schult, E. : a. a. O., S. 22 f.
(15) この場合の金融投資は安全な金融資産（たとえば国債）への投資であり、実物投資の機会コスト的な性格を有している。
(16) Schult, E. : a. a. O., S. 307.
(17) Schult, E. : a. a. O., S. 307.
(18) 標準モデルにおける租税パラドックスについては、たとえば以下の文献も参照。Schneider, D. : Investition, Finanzierung und Besteuerung, 7. Aufl., Wiesbaden 1992, 246-250. Schneeloch, D. : Besteuerung und betriebliche Steuerpolitik, 2. Bd. : Betriebliche Steuerpolitik, München 1994, S. 148-155. Wöhe, G. und Bieg, H. : Grundzüge der betriebswirtschaftlichen Steuerlehre, 4. Aufl., München 1995, S. 362-376. Wöhe, G. : Einführung in die allgemeine Betriebswirtschaftslehre, 19. Aufl., München 1996, S. 770-774. Schult, E. : a. a. O., S. 307-311. Kußmaul, H. : Betriebswirtschaftliche Steuerlehre, 2. Aufl., München 2000, S. 154-166. 田淵　進『投資決定論による利益課税の考察』広島修道大学総合研究所、1983年、5-30ページ。田淵　進『西ドイツ経営税務論』93-114ページ。同「投資理論における課税中立性」赤石雅弘・小嶋　博・濱村　章編著『コーポレート・ファイナンス論の最前線』中央経済社、1995年、27-42ページ。
(19) Schult, E. : a. a. O., S. 308 f.
(20) 年金現価係数は次の式から導かれる。

$$b = \frac{(1+d)^n - 1}{d \cdot (1+d)^n}$$

たとえば、村松郁夫「年金現価係数」神戸大学大学院経営学研究室編『経営学大辞典』第2版、中央経済社、1999年、749、750ページを参照。
(21) Schult, E. : a. a. O., S. 309-311.
(22) Schult, E. : a. a. O., S. 309 f.
(23) このような租税を考慮する前後で投資代替案の優先順位が変わらないという意味における投資中立性の概念は、シュナイダーらによって用いられており、財政学などにおいて定義されているものとは異なる。一般的に認められている課税の中立性においては、課税による超過負担を減らし、資源を効率的に分配することにより、納税者における自由経済競争がゆがめられないことが意図さ

れている。
(24) 減価償却と租税の関係は、本書第5章を参照。
(25) 計算利子率と税率の関係は、本書第6章を参照。
(26) 投資促進措置と租税の関係は、本書第8章および第9章を参照。

第5章　企業課税と投資中立性

I　序

　一般的に課税原則として簡素化、公平性および中立性が認められている。その際、中立性においては資源分配との関係が考察される。そこでは、課税による超過負担を減らし、資源を効率的に分配することによって、納税者における自由経済競争がゆがめられないことが意図されているのである。それに対して、シュナイダー（Dieter Schneider）が用いる中立性概念は、厳密な意味での意思決定中立性である。すなわち、それは、課税が意思決定に対して中立的に作用するため、課税によって意思決定代替案の優先順位が変化しないことを意味する。しかしながら、実際の税制はそのように規定されていないのである。彼は、租税を考慮しない場合に有利であった意思決定代替案が租税を考慮することにより他の代替案より不利になる可能性を標準モデルを用いて説明し、そして、その現象を租税パラドックスと称した。この現象がひき起こされる原因のひとつに減価償却による影響がある。なぜなら、減価償却により租税支払いが先送りされることによって、利子効果が発生するからである。

　また、課税は3つの要因に影響を及ぼしうる[1]。第1に、課税は流動性に影響を及ぼす。それによって、財務計画や資金調達計画の変更が必要となるかも

しれない。第2に、投資計画や資金調達計画におけるリスク評価が課税の影響を受ける。なぜなら、選択された行動代替案にとって、利益機会と損失危険の関係が課税後に変化する可能性が生じるからである。第3に、投資計画や資金調達計画における財務的利得（たとえば利益）の序列にも課税による影響が生じうる。この影響を考察するための概念が意思決定中立性である[2]。課税の意思決定中立性は、「租税政策の規範として用いられるが、その際、非常に限定された形式でのみ当てはまり」、そして、資金調達中立性、確実性下の投資中立性および不確実性下の投資中立性に区分される[3]。

　本章においては、投資決定における課税と減価償却の関係を明らかにするために、財務的利得に基づいた投資の優先順位に対する課税の影響を確実性下のモデル、ここでは標準モデルにおける投資中立性の観点から考察する。そのため、II節においては、計画期間中に資金調達が行われないという仮定のもとで、利益への課税が投資中立的に作用するための要件を論じる。III節では、資金調達を考慮に入れたモデルとして、計算利子率に課税が影響を及ぼさないキャッシュ・フローに対する課税のモデルと、その影響が生じる資本理論的利益（Kapitaltheoretischer Gewinn）に対する課税のモデルを取り上げる。そして、IV節において、資本理論的利益に対する課税のモデルを用いて、課税と減価償却の関係を明らかにしたい。

II　目標要因値課税と投資中立性

1. 目標要因値課税

　租税が即時に目標要因（たとえば、所得）のみに課せられる場合、この租税支払いは意思決定に対して中立的に作用する。すなわち、課税の意思決定中立性は目標要因値課税（Zielgrößenbesteuerung）により実現されるのである[4]。なぜなら、目標として設定される要因が課税標準となるため、最大の総成果

（たとえば、総所得）をもたらす代替案が同時に最大の純成果（たとえば、純所得）を生じさせるからである。

　その際、目標要因値課税が意思決定中立的に作用するためには、4つの要件が満たされていなければならない[5]。第1の前提は、収支のフローに関する完全な知識である。したがって、目標要因値課税は確実性下のモデルでのみ考えられるのである。第2の前提として、転嫁不可能性が挙げられる。転嫁不可能性は、たとえば利益税が課せられる場合、租税支払い者である企業が税額分を価格として消費者に転嫁できないということを意味する。ここでは、租税支払いがどれだけ消費者に転嫁されるのかということは明確に示されないため、租税の転嫁が考察から排除されるのである。

　以上のような経済的条件に対して、さらに税法上の条件として次の2つが必要である。まず、即時課税がそのひとつである。実際には、租税支払いは租税が課せられる期間に行われず、1年あるいは数年後に初めて遂行されることがある。しかし、意思決定中立性の考察における簡略化のために、租税支払いは租税発生期間に実施されるとするのである。また同様に、租税の前納も考察の対象から取り除かれるとする。最後の前提に非公用徴収（Nichtenteignung）がある。すなわち、限界税率が100％以下でなければならないのである。たとえば、代替案Aにおける100万の利益に60％の平均税率が課せられるのに対して、代替案Bにおいては90万の利益に50％の平均税率が課せられるとする。この場合、租税パラドックスが生じ、課税前には代替案Aが有利であったが、課税後は代替案Bが選択されるのである。なぜなら、代替案Aでは60万そして代替案Bでは45万の租税支払いが発生するため、代替案Aは代替案Bよりも利益が10万多いのに対して、租税支払いが15万多くなるからである。この場合、代替案Aには150％の限界税率が課せられているのである。

　このような4つの前提が目標要因値課税が意思決定中立的に作用するための一般的な前提条件である。以下において、1期間および多期間の確実性下のモ

デルにおいて、課税が意思決定中立的に作用するためのそれぞれの前提条件を明らかにする。その際、計画期間中に負債などによる資金調達が行われずに、初期投資支出が企業者の自己資本出資によって行われると仮定される。

2. 1期間の投資モデルにおける課税の投資中立性

　企業の投資決定として1期間の投資モデルを取り上げる。その際、企業は1期間にひとつの投資代替案のみを遂行し、投資支出は期首に、そして、収入は期末に発生すると仮定する。また、期末の収入余剰が課税標準であるとともに目標要因であることから、目標要因値課税が実施されていると考えられるのである[6]。

　このような仮定に基づくと、課税の投資中立性が成り立つための要件として、以下のことが挙げられる[7]。まず、租税が目標要因に課せられることから、前述の4つの一般的な前提条件、すなわち収支のフローに関する完全な知識、転嫁不可能性、即時課税および非公用徴収が適用される。さらに、租税支払いは計画期間末に行われるとする。また、課税標準は期末の収入から投資支出を差し引いたものとする。最後に、限界税率が非公用徴収の範囲（100％＞税率≧0）にあるなら、税率が収入に依拠してどのように変化しても、投資中立性は維持される。1期間の投資モデルにおいて、これら7つの前提条件のもとで目標要因値課税、すなわち計画期間末の収入余剰（全体利益）に対する課税は投資中立的に作用するのである。

3. 多期間の投資モデルにおける課税の投資中立性

　前述の1期間の投資モデルを発展させ、多期間の投資モデルを考察する。その際、初期投資支出に対する自己資本出資以外の資金調達が行われないとし、また、投資による支出や収入が各期間の期首あるいは期末に発生すると仮定する。これらの仮定のもとで目標要因値課税が投資中立的に作用するためには、

次のような要件が考えられる[8]。まず、1期間のモデルと同様に、目標要因値課税を考察するための前提条件である収支のフローに関する完全な知識、転嫁不可能性、即時課税および非公用徴収が挙げられる。

さらなる前提条件として、租税は計画期間の各期末に徴収されるとする。それゆえ、投資計画者によっていかなる目標要因が採用されるのかということが考慮されなければならない。なぜなら、多期間の投資モデルでは、投資計画者において最終財産追求（Endvermögensstreben）、引出所得追求（Entnahmestreben）および富裕追求（Wohlstandsstreben）という3つの財務的目標が考えられるからである。ある目標要因への課税が規定され、投資計画者がその目標要因と異なる目標を設定した場合、この課税は意思決定中立的な影響を及ぼさない。たとえば、投資計画者が最終財産の最大化を目標とした場合、各期間ごとの所得への課税は投資中立的に作用しないのである。しかしながら、現実には、課税標準が個人の目標要因に基づいて規定されることはない。ここでは、課税標準を支払い時点ごとの収入余剰とする。すなわち、投資計画者の目標が引出所得追求、換言すると各期間ごとの所得最大化であるとする。したがって、この仮定においては、競争均衡の資本市場を前提とするモデルを除いて、最終財産追求と富裕追求という目標は課税の投資中立性を損なうのである[9]。

また、1期間の投資モデルと異なり、税率が比例的であり、計画期間中に変更されてはならない。このことを具体例を用いて説明する。代替案AとBはともに投資支出を100とする3期間の投資であり、それぞれ図表5-1のよう

（図表5-1）

	t_0	t_1		t_2		t_3	
A	－100	200		100		260	
		－100	100	－100	0	－100	160
B	－100	150		150		250	
		－100	50	－100	50	－100	150

な収支のフローが発生すると仮定する⁽¹⁰⁾。代替案Aにおいては計画期間中にかなり不安定な収入余剰が生じるのに対して、代替案Bでは一定の収入余剰が発生している。計算利子率を0％とした場合、収入余剰の合計は代替案Aが260であり、代替案Bが250となるため、代替案Aが有利である。さらに、各期末における収入余剰の累積額を比較すると、代替案Aが代替案Bを上まわるため、計算利子率がプラスである場合、常に代替案Aが選択されるのである。

しかしながら、累進税率が課せられ、50の収入余剰に対して20％、60の収入余剰に対して30％、そして、100の収入余剰に対して50％の税率が課せられるとした場合、収支のフローは図表5-2のように変化する⁽¹¹⁾。

(図表5-2)

	t_0	t_1	t_2	t_3
A_s	−100	50	0	142
B_s	−100	40	40	140

計算利子率を0％とした場合、代替案A_sの収入余剰の合計が192であるのに対して、代替案B_sのそれは220となる。それゆえ、この例においては累進税率が課せられることによって租税パラドックスがひき起こされ、代替案B_sが有利になる。そして、計算利子率が0％以上約295％以下である場合、代替案B_sは有利性を維持しているのである。

さらに、計画期間中に税率が変更され、1期目に50％そして2期目以降は20％の税率が適用されるとすると、収支のフローは図表5-3のようになる⁽¹²⁾。

(図表 5-3)

	t_0	t_1	t_2	t_3
A_s	-100	50	0	148
B_s	-100	25	40	140

計算利子率が0％である場合、税率の変更によって代替案B_sが有利となる。すなわち、租税パラドックスが生じるのである。そして、0％から約36.6％の計算利子率において、代替案B_sが有利性を得るのである。

この例から明らかなように、累進税率が適用される場合、あるいは、計画期間中に税率が変更される場合、課税が投資代替案の優先順位を変更させる可能性が生じる。したがって、多期間の投資モデルにおいて目標要因値課税が意思決定中立的に作用するためには、税率は比例的であり、計画期間中に変更されないという前提が必要となるのである。

最後の前提条件として、計画期間の各期末に支出余剰が発生する場合、その余剰額に税率を乗じた大きさでの国家による助成（Zubuße）が必要となる。その助成は、即時の損失相殺（sofortiger Ausgleich）によって実施される。その際、支出余剰すべてが損失として補償される必要はなく、支出余剰額に税率を乗じて算出された金額のみが補償されるのである。この即時の損失相殺には2つの方法がある。一方は、期末の支出余剰に一定の限界税率を乗じた大きさで、国家による助成金が与えられる。他方は、投資計画者がいくつかの投資を同時に実施する場合、ある投資の損失が他の投資で相殺された後に、その相殺額を上まわるような支出余剰が国家による助成金によって補償される。

図表5-4のような収支のフローを伴う2つの投資代替案AとBを考慮することによって、この前提条件の正当性を明らかにする[13]。

(図表 5-4)

	t_0	t_1	t_2	t_3
A	－100	150	－50	160
B	－100	50	50	150

計算利子率が約74％である場合に代替案Aの現在価値が0になるため、計算利子率が0％以上約74％以下である限り、代替案Bより有利である代替案Aが選択される。損失が発生する期間に特別な配慮が行われずに50％の税率が課せられ、そして、最終期の課税標準がその期の収入余剰から投資支出を差し引いた金額であるとするなら、図表5-5のような収支のフローが生じる[14]。

(図表 5-5)

	t_0	t_1	t_2	t_3
A_s	－100	75	－50	130
B_s	－100	25	25	125

この収支のフローにおいては、計算利子率が0％以上25％以下である場合、代替案B_sが選択され、25％の計算利子率において代替案B_sの現在価値は0となる。それゆえ、損失が発生する期間に特別な配慮、すなわち即時の損失相殺が実施されないことにより、租税パラドックスがひき起こされるのである。

このような8つの前提条件のもとでのみ、確実性下の多期間の投資モデルにおいて目標要因値課税は投資中立的に作用するのである。これらの前提条件の一部は目標要因値課税の一般的な前提条件であるため、1期間のモデルと共通である。それに対して、4つの前提条件が1期間の投資モデルと異なり、多期間のモデルでのみ考慮すべき要件として含まれているのである。

III 意思決定中立的な内部金融と課税の投資中立性

前述の投資モデルにおいては、投資支出は一定で計画期間の期首にのみ行われ、その期間中に資金調達が行われないと仮定した。それに対して、以下では、多期間の投資モデルにおいて資金調達、とりわけ内部金融を考慮に入れた投資中立性の要件を明らかにする。

多期間の投資モデルにおいて資金調達が考慮に入れられる場合、「意思決定中立的な課税に対して、投資期間においてあらゆる収入余剰に利益税が課せられるのか、あるいは、意思決定中立的な利益測定において租税支払い時点での利益と収入余剰との相違が求められるのかということが明らかにされなければならない」のである[15]。利益と収入余剰の相違は費用に関する追加的な計算において発生するが、その際、収入余剰を減少あるいは増加させる費用が意思決定に対して中立的な作用をもたらしうる。利益測定による内部金融として、支出と費用が対応していない場合（たとえば、減価償却）や収入と収益が対応していない場合（たとえば、前受金）が考えられる。「課税が投資代替案の優先順位を変更させないために、課税標準としての費用や収益が収支のフローと異なることが求められるなら、利益測定による内部金融が投資中立的な作用をひき起こす」のである[16]。また、その逆のケース、すなわち、ある期間において収入と収益が対応せず、それゆえ、その期間において収入に適合しない成果依存的な支出が生じることによって、投資中立性が生じることもある。

さらに、租税支払いは国家への強制的な消費支出として解釈されるため、投資中立的な課税に対する前提として、投資の意思決定と消費の意思決定の分離が挙げられる[17]。このことから、多期間の投資モデルにおいて、競争均衡的な資本市場のもとでなぜ意思決定中立的な内部金融が必要であるのかという疑問が生じる。それに対して、次のことが主張される。競争均衡的な資本市場に

おいては、意思決定中立的な内部金融からもたらされる資金は、限界コストをひき起こすことなく投資家に提供される。そこでは、個別の資金調達コストがすべて等しいため、資金調達種類が企業の市場価値や個別の投資にとって重要ではない。このことから、「意思決定中立的な内部金融は、資金を競争均衡利子で再投資する際に投資中立性を確保するために、計画期間の各期末に収入余剰が有高資本 (Bestandskapital) としていくら留保されるべきかということを定める。その際、意思決定中立的な内部金融の範囲は、外部金融に対する支払いや金融投資による収入が税制上いかに処理されるかということに規定される」のである[18]。

多期間の投資モデルにおいて資金調達を考慮に入れた場合、次のような前提が課税の投資中立性の条件となる。まず、課税標準をそれぞれの支払い時点での収入余剰と定め、その計算利子を非課税と見なす[19]。それゆえ、租税を考慮する前の計算利子率が用いられ、この考察はキャッシュ・フローに対する課税のモデルへと通ずるのである[20]。このモデルにおいては、意思決定中立的な内部金融の前提として、初期投資支出時点にその支出が費用として計算され、そして、即時の損失相殺として初期投資支出額に税率を乗じた大きさの国家による助成金が与えられるとする。初期投資支出が税制上控除可能であり、再投資によってもたらされる収入に租税が課せられないことから、キャッシュ・フローに対する課税が意思決定中立的な内部金融を最大にするのである。

一定の限界税率がキャッシュ・フローに課せられた場合の投資の現在価値は、次のように表される[21]。

$$K_s = (1-s) \sum_{t=1}^{n} \frac{Q_t}{(1+i)^t} - (1-s)\ I \tag{5-1}$$

K_s　課税後の現在価値、Q_t　t期の収入余剰、i　計算利子率、s　税率、
I　初期投資支出

課税後の現在価値は、課税前の現在価値を税額分だけ減少させたものに等しい[22]。

$$K_s = (1-s) K \quad (5-2)$$

  K 課税前の現在価値

(5-1) 式と (5-2) 式から、たとえば税率が50％である場合、課税後の現在価値は税額を差し引くことにより、そして、調達支出は税制上の損失相殺により半減する。また、税率が90％であるとした場合、この現在価値がかなり減少することは明らかである。さらに、すべての支払い時点において支払い残高 (Zahlungssaldo) が減少することから、利回りは一定の限界税率に対して比例的に変化しない。それゆえ、投資モデル全体に対して、次の関係が当てはまるのである[23]。

$$r = r_s \geqq i = i_s \quad (5-3)$$

  r 課税前の利回り、r_s 課税後の利回り、i_s 課税後の計算利子率

以上のことから、キャッシュ・フローに対する課税のモデルにおいては、課税前の現在価値が一定の限界税率に対して比例的に減少し、課税後の利回りが課税前の利回りに等しくなる場合、投資中立性が確保されるのである[24]。

次に、計算利子率が課税の影響を受ける場合を取り上げる[25]。その際、計画期間各期の収入余剰は収益価値の変化額としての期間配分額 (Periodisierungsbetrag) が差し引かれる。このことは、資本理論的利益に対する課税のモデルにおいて考察される[26]。先に述べたように、キャッシュ・フ

ローに対する課税のモデルの場合、即時の損失相殺によって意思決定中立的な内部金融が実施された。それに対して、資本理論的利益に対する課税のモデルにおいては、その内部金融は収益価値変化に基づく期間償却や繰入 (periodische Abschreibung oder Zuschreibung) によって行われる。それゆえ、後者は前者より、現在価値が0となる投資に対する、あるいは、再投資に対する意思決定中立的な内部金融を減少させるのである。資本理論的利益に対する課税のモデルでは、計算利子率が課税の影響を受けるため、$i_s = (1-s)i$ によって算出される。簿記上では、課税標準としての資本理論的利益は収入余剰から計算利子、他人資本利子および配当などが費用として差し引かれた値である。しかしながら、このモデルにおいては、現在価値計算の中でそれらの費用は控除されず、計算利子率が税率分削減されるに過ぎない。なぜなら、納税申告において利子は課税所得を減少させるが、現在価値計算の収支のフローに資金調達支払いが組み込まれないからである。

また、「競争均衡の資本市場において、税法上の利益測定規定 (steuerrechtliche Gewinnermittlungsvorschrift) が、意思決定中立的な利益測定法 (Gewinnermittlungsrecht) において資本価値が等しいように期間再配分 (kapitalwertgleiche Umperiodisierung) が行われることを定める限り、その規定は重要ではない」と考えられる[27]。この規定のもとでは、税制上の減価償却の影響は生じないのである。そのことから、「キャッシュ・フローや資本理論的利益に対する課税のモデルにおいては、課税標準を資本価値が等しいように配分することによって投資中立性が保たれる」のである[28]。

Ⅳ 標準モデルにおける課税の投資中立性

1. 資本理論的利益と課税の投資中立性

課税の投資中立性と減価償却の関係を明らかにするために、前述の資本理論

的利益に対する課税のモデルを考察する。そこでは、計算利子率が課税の影響を受けるとした場合、利益税を考慮に入れた投資計算が標準モデルを用いて論じられるのである[29]。そこで課税の投資中立性を保つためには、初期投資支出は各期に配分され、費用として計上されなければならない。また、各期間に配分された金額を課税標準から控除することによって、収益価値に租税が課せられてはならない。したがって、現行の税法におけるように償却可能な調達原価や製造原価のみが非課税とされるのではなく、期間配分された金額としての費用や収益が収益価値の変化額として貸方に計上されなければならないのである。このような前提のもとでは、投資の現在価値は租税を考慮する前後において等しくなる。すなわち、$K = K_s$ が成り立つのである。

　標準モデルにおいては、他人資本調達と自己資本調達に関する税率が等しく、また、それが０％以上100％以下である場合、投資中立性は資本コスト中立性に結びつけられる[30]。以下においては、投資中立性および資本コスト中立性が成り立つために、初期投資支出が各期間にいかに配分されるのかということを明らかにする[31]。各期の収益価値は、その前期の収益価値に計算利子率を乗じた金額である。

$$E_t = (1+i) \ E_{t-1} \tag{5-4}$$

　　　E_t　t 期の収益価値、E_{t-1}　t − 1 期の収益価値

前期の収益価値に計算利子率を乗じた値（iE_{t-1}）が、t 期の資本理論的利益である。t 期に収入余剰 Q_t が発生し、その収入余剰が引き出されるとするなら、t 期の収益価値は、その引き出された金額分だけ減少する。

$$E_t = (1+i) \ E_{t-1} - Q_t \tag{5-5}$$

t−1期からt期への収益価値の減少が収益価値償却（Ertragswertabschreibung）と称される。

$$D_t = E_{t-1} - E_t = Q_t - iE_{t-1} \tag{5-6}$$

D_t　t期の収益価値償却

(5-6)式から明らかなように、収益価値償却は、期首の収益価値と期末の収益価値の差額、もしくは、期末の収入余剰から期首における収益価値に計算利子率を乗じた値（資本理論的利益）を差し引いた大きさである。また、支出が収入を上まわり、Q_t がマイナスになる場合、収益価値償却もマイナスとなる。この場合、D_t は収益価値の変化と見なされ、収益価値償却ではなく収益価値繰入（Ertragswertzuschreibung）として考慮されなければならないのである。

2. 減価償却と課税の投資中立性

資本理論的利益に対する課税のモデルにおいては、投資中立性と資本コスト中立性が結びつけられる。また、投資中立性を確保するためには、課税前後の現在価値が等しくなければならない。このような前提のもとで、投資の現在価値と減価償却の関係を明らかにする[32]。

初期投資支出を各期間に配分した金額を A_t で表し、t期の課税利益は $Q_t - A_t$ で示されるとする。簡略化のために、A_t を減価償却額と見なす。最終年度の収入余剰は売却収入を含み、最終年度の減価償却から残存簿価が差し引かれると仮定する。各期の税額は、課税利益に税率を乗じた値すなわち $s_t(Q_t - A_t)$ として算出される。その際、s_t は限界税率であり、一般的にこの税率は課税利

益に依拠するために期間ごとに異なるが、ここでは税率はすべての期間において一定の限界税率を用いる。このような仮定のもとでは、投資支出が初期投資に限定される場合の課税後の現在価値は、(5-7) 式から算出される。

$$K_s = \sum_{t=1}^{n} \frac{[Q_t - s\,(Q_t - A_t)]}{(1+i_s)^t} - I \tag{5-7}$$

(5-7) 式は次のように変形される。

$$K_s = (1-s) \sum_{t=1}^{n} \frac{Q_t}{(1+i_s)^t} - I + s \sum_{t=1}^{n} \frac{A_t}{(1+i_s)^t} \tag{5-8}$$

(5-8) 式から明らかなように、標準モデルにおいて、課税後の現在価値は、課税後の収入余剰の現在価値から初期投資支出を差し引き、そして、残存簿価を含んだ税法上の減価償却に税率を乗じた大きさの現在価値を加えた値である。課税前の現在価値は、次の式から求められる。

$$K = \sum_{t=1}^{n} \frac{Q_t}{(1+i)^t} - I \tag{5-9}$$

課税前後の現在価値が等しい場合に利益課税が投資中立的に作用することから、(5-8) 式と (5-9) 式より次の式が成り立つ。

$$s \sum_{t=1}^{n} \frac{A_t}{(1+i_s)^t} = \sum_{t=1}^{n} \frac{Q_t}{(1+i)^t} - (1-s) \sum_{t=1}^{n} \frac{Q_t}{(1+i_s)^t} \tag{5-10}$$

すなわち、減価償却額の現在価値に税率を乗じた大きさが、投資の課税前の現在価値から課税後の現在価値を差し引いた値に等しい場合、利益課税は投資に対して中立的な影響を及ぼすのである[33]。

さらに、(5-10) 式は次のように変形される。

$$s \sum_{t=1}^{n} \frac{(Q_t - A_t)}{(1+i_s)^t} = \sum_{t=1}^{n} \frac{Q_t}{(1+i_s)^t} - \sum_{t=1}^{n} \frac{Q_t}{(1+i)^t} \qquad (5-11)$$

(5-11) 式においては、左辺に、租税支払いを現在価値で表した租税支払い効果 (Steuerzahlungseffekt)、そして、右辺に、租税によってひき起こされた利子減少効果 (steuerbedingter Zinsminderungseffekt) が表されている[34]。したがって、租税支払いの現在価値が、租税によってひき起こされる利子減少による現在価値の増加に等しい場合、投資中立性は確保されるのである。

また、標準モデルにおいて、利益課税が投資に対して中立的に作用するための十分条件として、投資の計画期間での税法上の減価償却の推移と収益価値償却の推移の間の特定の関係が考えられる[35]。先に述べたように、投資のt期における課税後の収益価値は、課税後の利子分を増大させたt-1期の課税後の収益価値から課税引出所得額 (entnommener versteuerter Betrag) を差し引いた値に等しい[36]。その際、課税引出所得額は、課税利益と税率の積である租税支払いを収入余剰から差し引いた金額であり、そして、課税利益は、収入余剰から税制上の控除（ここでは、減価償却）を差し引いた大きさであるとする。

$$E_{s,t} = E_{s,t-1} + (1-s) \, iE_{s,t-1} - [Q_t - s \, (Q_t - A_t)] \qquad (5-12)$$

$E_{s,t}$　t期の課税後の収益価値、$E_{s,t-1}$　t-1期の課税後の収益価値

投資中立性を確保するためには、課税前後の収益価値が等しくなければならないということから、(5-5) 式と (5-12) 式より次の式が導かれる[37]。

$$(1+i) \, E_{t-1} - Q_t = E_{s,t-1} + (1-s) \, iE_{s,t-1} - [Q_t - s \, (Q_t - A_t)] \qquad (5-13)$$

さらに、$E_{t-1} = E_{s,t-1}$ より、$sA_t = s(Q_t - iE_{t-1})$ となることから、$A_t = D_t$ が成り立つ。それゆえ、投資中立性を確保するためには、t期における税法上の減価償却額がその期の収益価値償却額に一致しなければならない[38]。その際、税率はこの関係に影響を及ぼさないのである。

しかし、すべての期間において税法上の減価償却と収益価値償却が一致する必要はない。なぜなら、標準モデルにおいて投資は現在価値に基づいて判断されるため、税法上の減価償却と収益価値償却の関係においても、各期間における値ではなく、計画期間全体でのそれらの現在価値が一致する場合に、投資中立性が維持されるのである。すなわち、次の式が成り立つ場合、課税は投資に対して中立的に作用するのである[39]。

$$\sum_{t=1}^{n} \frac{A_t}{(1+i_s)^t} = \sum_{t=1}^{n} \frac{D_t}{(1+i_s)^t} \tag{5-14}$$

したがって、標準モデルにおいては、課税後の計算利子率により算出される税法上の減価償却の現在価値が、同様に算出された収益価値償却の現在価値に等しい場合、利益課税は投資中立的および資本コスト中立的であると考えられる。

V 結

経営税務論において投資決定に対する企業課税の問題を考察する場合のキー概念となる租税パラドックスに関して、その原因となる減価償却と企業課税の関係を考察した。一般的に、税制は簡素化、公平性および中立性という原則に従って規定されるべきであると考えられている。それらの原則の中で中立性の概念を取り上げたが、ここでの中立性は厳密な意味での課税の意思決定中立性もしくは投資中立性を意味する。モデル考察において課税が投資に対して中立

的に作用するためにはいくつかの前提が必要であり、それはモデルごとに異なるものである。

Ⅱ節においては、初期投資支出を所与とし、そして、計画期間中に資金調達が行われないと仮定した場合のモデルを、1期間の投資と多期間の投資に区分して論じた。Ⅲ節では、資金調達を考慮に入れたモデルにおいて、計算利子率が課税の影響を受ける場合とその影響を受けない場合に分け、前者をキャッシュ・フローに対する課税のモデルにおいて、そして、後者を資本理論的利益に対する課税のモデルにおいて考察した。さらに、資本理論的利益に対する課税のモデルに注目し、標準モデルにおける課税と減価償却の関係をⅣ節で取り上げた。それによって、投資計画期間において各期の減価償却額と収益価値償却額がそれぞれ等しい場合、あるいは、計画期間全体における減価償却と収益価値償却の現在価値が一致する場合、課税の投資中立性は確保されることが明らかとなったのである。

課税の中立性概念は租税を徴収する側、すなわち政府の政策に対する規範である。しかし、中立性を確保されていないこと、換言すると、租税パラドックスが生じる可能性があることを利用することにより、企業は利益を獲得することができる。このような租税パラドックスをひき起こす要因のひとつが減価償却による影響であることから、課税と減価償却の関係を考慮することは租税を徴収される側、すなわち企業にとっても重要な課題と見なされるのである。

---

(1) Schneider, D. : Investition, Finanzierung und Besteuerung, 7. Aufl., Wiesbaden 1992, S. 203.
(2) 意思決定中立性の概念は、投資決定に対して課税が影響を及ぼさない中立点を基準とする説明理論の分析概念でもある (Schneider, D. : a. a. O., S. 201)。
(3) Schneider, D. : a. a. O., S. 204 f.
(4) Vgl. Wagner, F. W. und Dirrigl, H. : Die Steuerplanung der Unternehmung,

Stuttgart/New York 1980, S. 17 f. Schneider, D. : a. a. O., S. 206. Sigloch, J. : Abschreibungsfreiheit und Zinsbesteuerung, in : Schneider, D. (Hrsg.) : Kapitalmarkt und Finanzierung, Berlin 1987, S. 169-186 hier S. 171. Kahle, H. : Der kapitaltheoretische Gewinn als entscheidungsneutrale Steuerbemessungsgrundlage, WiSt, 24. Jg. (1995), S. 214-218 hier S. 214.
(5) Schneider, D. : a. a. O., S. 207 f.
(6) 投資計画者においては最終財産追求、引出所得追求および富裕追求という3つの目標が挙げられるが、1期間の投資モデルにおいては、それらすべてが期末の収入余剰に一致する。それゆえ、このモデルでは、それらの目標の相違について言及する必要がない。投資計画者の目標に関しては、たとえば田渕　進『西ドイツ経営税務論』森山書店、1986年、187-212ページを参照。
(7) Schneider, D. : a. a. O., S. 209 f.
(8) Schneider, D. : a. a. O., S. 210-214.
(9) 競争均衡の資本市場においては、3つの目標すべてが同じ投資代替案を選択させることになる。なぜなら、「資産極大化目的をとるか所得極大化目的をとるかによって投資家の意思決定は異なってくる。これは貸付利子率と借入利子率が異なっていることに起因しているのであって、……利子率が均一の場合には資産極大化と所得極大化は同じ投資案の選択になるわけであるから、この両方の目標を個人の選好によって組合わせた富裕極大化の場合も同じ結論になる。完全資本市場では3つの目標とも同じ選択をもたらす」からである（田渕　進、前掲書、197ページ）。
(10) Schneider, D. : a. a. O., S. 212.
(11) Schneider, D. : a. a. O., S. 212.
(12) Schneider, D. : a. a. O., S. 213 f.
(13) Schneider, D. : a. a. O., S. 214.
(14) Schneider, D. : a. a. O., S. 213 f.
(15) Schneider, D. : a. a. O., S. 214.
(16) Schneider, D. : a. a. O., S. 214.
(17) Schneider, D. : a. a. O., S. 214 f.
(18) Schneider, D. : a. a. O., S. 215. 有高資本とは、その資本投下によって追加的な支出を発生させずに、企業が自由に使うことができる金額である。
(19) シュナイダーは、利子や計算利子率の代わりに「1期間の貨幣譲渡に対する競争均衡価格」という概念を用いる（Schneider, D. : a. a. O., S. 215）。これは計算利子率などの経済的な概念が日常的な概念や法的な概念と混同されないためで

あるが、ここでは計算利子率として表す。
(20) Schneider, D. : a. a. O., S. 216 f. このモデルは現金有高比較（Kassenbestandsvergleich）とも称される（Sigloch, J. : a. a. O., S. 175 f.）。
(21) Schneider, D. : a. a. O., S. 217.
(22) Schneider, D. : a. a. O., S. 217.
(23) Schneider, D. : a. a. O., S. 217.
(24) Schneider, D. : a. a. O., S. 217.
(25) Schneider, D. : a. a. O., S. 217 f.
(26) 資本理論的利益およびそれに対する課税に関しては、以下の文献も参照。Sigloch, J. : a. a. O., S. 173 f. Kahle, H. : a. a. O., S. 214-218. 田淵　進『投資決定論による利益課税の考察』広島修道大学総合研究所、1983年、107-130ページ。田渕　進、前掲書、93-114および187-212ページ。また、収益価値に関しては、「個人が現在保有している資産から未来にどれだけの資金の流入があるかについての確実な情報と、この未来の資金の流れを現在時点に換算する利子率があるとすれば、個人の持つすべての資産の現在の価値は収益価値として計算され、一期間の所得としては、この収益価値に同じ利子率を掛けた額を消費しても最初の収益価値は維持される」と説明される（田渕　進、前掲書、43ページ）。その際、収益価値は次の式から算出される（Wöhe, G. und Bieg, H. : Grundzüge der betriebswirtschaftlichen Steuerlehre, 4. Aufl., München 1995, S. 107）。

$$収益価値 = \frac{純収益（Reinertrag）}{資本化利子率（Kapitalisierungszinsfuss）} \times 100$$

(27) Schneider, D. : a. a. O., S. 231 f.
(28) Schneider, D. : a. a. O., S. 218.
(29) Schneider, D. : a. a. O., S. 218-229. Kahle, H. : a. a. O., S. 214. 田淵　進、前掲書、12、13および20-27ページ。田渕　進、前掲書、97-112ページ。同「投資理論における課税中立性」赤石雅弘・小嶋　博・濱村　章編著『コーポレート・ファイナンス論の最前線』中央経済社、1995年、27-42ページ、ここでは36-39ページ。
(30) Schneider, D. : a. a. O., S. 219 f. 標準モデルにおいて、課税の意思決定中立性は投資中立性として示されるが、すべての資金調達に等しい租税負担が課せられるので、資本コスト中立性も成り立つ（Kahle, H. : a. a. O., S. 216）。その際、行動計画を競争均衡に限定する投資の場合、限界税率は実質的限界税負担に等し

くなる。すなわち、投資利回りと計算利子率は限界税率に比例的に減少する。このことは次の式で表される (Schneider, D. : a. a. O., S. 219)。

　K ＝ 0 の場合、　　$i_s = (1-s) i$ ； $r_s = (1-s) r$
この収益性条件は、投資の現在価値が 0 である場合にのみ当てはまる。プラスの現在価値をもたらす投資の場合、次の式が成り立つ。

　K ＞ 0 の場合、　　$i_s = (1-s) i$ ； $r_s > (1-s) r$

(31)　Schneider, D. : a. a. O., S. 219 f. Kahle, H. : a. a. O., S. 214 f.
(32)　Schneider, D. : a. a. O., S. 224-229. Kahle, H. : a. a. O., S. 214 f. 田淵　進、前掲書、12、13 および 20-27 ページ。田渕　進、前掲書、97-112 ページ。同、前掲稿、36-39 ページ。
(33)　Schneider, D. : a. a. O., S. 225.
(34)　Schneider, D. : a. a. O., S. 225.
(35)　Schneider, D. : a. a. O., S. 225-229. Kahle, H. : a. a. O., S. 214-218.
(36)　Schneider, D. : a. a. O., S. 225 f. Kahle, H. : a. a. O., S. 214 f.
(37)　Schneider, D. : a. a. O., S. 226. Kahle, H. : a. a. O., S. 215.
(38)　Schneider, D. : a. a. O., S. 226. Kahle, H. : a. a. O., S. 215.
(39)　Schneider, D. : a. a. O., S. 226 f. Kahle, H. : a. a. O., S. 215.

第6章 計算利子率と収益税
—標準モデルとの関連において—

I 序

　D. シュナイダー（Dieter Schneider）によって租税パラドックスという概念が主張された。これは、租税を考慮する前後で投資代替案の優先順位が変わるという現象である。しかし、一般的に、税制は課税原則に基づいて規定されるべきであると考えられ、この原則の中に課税の投資中立性も含まれる。したがって、租税パラドックスとは税制がこのような中立性を損ない、投資に影響を及ぼしている現象である。企業においては、この現象の発生により租税を考慮する前後で自らに有利な投資代替案が変わり、それによって利益を獲得したり、不利益を被ったりする可能性が生じるのである。彼はこのことを説明するために標準モデルを用いたが、それは資本価値法（Kapitalwertmethode）に基づいて構築されたものである。そこでは、課税前の資本価値と課税後の資本価値が算出され、そして、それらが等しい場合、すなわち次の式が成り立つ場合、課税の投資中立性が維持されていると考えられる[1]。

$$s\sum_{t=1}^{n}\frac{(Q_t-A_t)}{(1+i_s)^t} = \sum_{t=1}^{n}\frac{Q_t}{(1+i_s)^t} - \sum_{t=1}^{n}\frac{Q_t}{(1+i)^t} \tag{6-1}$$

　　　Q_t　t期の収入余剰、A_t　t期の減価償却額、n　計画期間、s　税率、
　　　i　課税前の計算利子率、i_s　課税後の計算利子率

　前章において説明したように、左辺で示される租税支払いの現在価値が、右辺で示される租税による利子減少効果に等しいということが、課税の投資中立性に対する要件となる。したがって、租税支払いの現在価値よりも租税による利子減少効果が大きい場合、租税パラドックスが発生するのである。その際に重要となるのが、減価償却による影響である。なぜなら、減価償却額の大きさで租税支払いが延期されることにより、減価償却額に税率と計算利子率を乗じた大きさでの租税と減価償却による利子効果が発生し、これが課税前に不利であった投資が課税の影響によって有利になるというパラドックスの原因になるからである。

　このように、租税パラドックスの発生原因として、租税と減価償却による利子効果が挙げられる。その際、標準モデルにおいては、課税後の計算利子率を課税前の計算利子率から税率を控除したもの、すなわち $i_s=(1-s)i$ と定めることにより、その現象が説明されている。しかしながら、計算利子率に対する課税の影響についてさまざまな見解が存在するのである。以下において、それらの見解の中で伝統的なものを取り上げ、それらがいかなる前提のもとで主張され、どのような根拠を有しているのかということを考察する。それによって、標準モデルにおける計算利子率に対する課税の影響を明らかにしたい。

II　計算利子率に対する課税の影響についてのアプローチ

　計算利子率への課税の影響を明らかにするために、それに関する伝統的な見解を取り上げる。本節においては、その中でも4つのアプローチを取り上げ、それらを概略する[2]。

　第1のアプローチにおいて、租税を考慮する前後で同一の計算利子率が利用される。投資理論において課税の影響を明確に組み込んだブラウン（E. Cary Brown）によって主張されたこの見解は、「経済学のマクロ分析において一般的な方法」と見なされる[3]。この方法に基づくと、税率の上昇によって投資が不利になる一方で、減価償却を早期に実施されることによって投資が有利になるという結論が常に導かれるのである。

　第2のアプローチは、課税の影響を考慮した計算利子率として、租税を考慮する前の利子率から税率を差し引いたものを用いるという見解である。標準モデルにおいて利用されるこのアプローチは、基本的にはブラウン・モデルに基づいている。しかし、それらにおいては、計算利子率の仮定に相違が見られる。このアプローチは、経営税務論において一般的に用いられている。なぜなら、この方法では、ブラウン・モデルなどの従来の見解とは異なる結果が導かれ、それによって課税の影響が必ずしも一様ではないことが示されるからである[4]。

　第3のアプローチとして、他人資本による資金調達に特定の仮定が設けられ、そして、計算利子率として実質利回り（effektive Verzinsung）が利用される。第2のアプローチは、自己資本による資金調達を前提とするため、現実から逸脱する。それに対して、このアプローチはその限界を克服できるのである。そのため、この見解も、第2のアプローチと同様の理由から、経営税務論において取り上げられている。

第4のアプローチは、収入余剰から税額を控除せずに、計算利子率を税率分大きく見積もる方法である。投資家の最低要求利回りをm、計算利子率をi、そして、税率をsとすると、m = (1-s) i で示される[5]。この方法は前述のアプローチと比べて計算が容易である。しかし、ここでは、減価償却の影響が考慮されないのである。すなわち、減価償却によって各期の租税支払い額が異なるにもかかわらず、それを毎期の収入余剰から差し引くという計算が行われない。それゆえ、キャッシュ・フローに関して厳密な計算が行われていないことが指摘される。

Ⅲ 計算利子率に対する課税の影響についての検討

1. 租税を考慮する前後で同一の計算利子率を用いる場合

第1のアプローチである租税を考慮する前後で同一の計算利子率を用いる方法について検討するために、ブラウンとE. シュナイダー (Erich Schneider) の見解を取り上げる。

ブラウンは、投資モデルに課税の影響を組み込んだが、そこでは投資への課税の影響として収支への影響、収益性への影響ならびに利子率への影響を取り上げた[6]。このことは、彼以降のあらゆる立場の研究者においても同様に主張されている。彼が唱えたモデルにおいて、耐久消費財の場合に減価償却が租税額とその支払い時期に関係し、それによって収益性に影響が生じることが立証されている[7]。その際、確定性下における投資誘因への収益税の影響を分析するモデルが構築され、そこでは営業収益に対して比例的に課税され、利子費用や配当が控除されず、減価償却が耐久財の原価に対してその経済的利用期間にわたり行われ、そして、完全な損失相殺が実施されると仮定されている。これらの前提のもとでは、利子や配当が課税所得の算出の際に控除されないため、利子率が課税によって引き下げられない。すなわち、課税の前後で同一の計算

利子率が用いられるのである。確かに、彼のモデルにおいては、投資決定への営業収益税の影響が明らかにされている。しかしながら、課税の投資中立性の観点において、租税を考慮する前後で計算利子率が等しいという前提条件のもとでは、(6-1) 式の右辺に示される租税による利子減少効果は常に 0 となる。このことから、投資代替案は租税を考慮することによってそれを考慮する前よりも常に不利な状況になるという結論が導かれるのである。そして、租税を考慮した場合に、租税による利子減少効果が 0 であるのに対して、税率が高くなるほど、租税支払いの現在価値が大きくなり、投資の有利性は減少する。それに対して、減価償却が早期に実施されるほど、その現在価値は小さくなり、投資の有利性は増大するのである。しかし、投資の利回りが課税によって低下する一方で、その代替案の利回りも同様に低下するため、計算利子率を投資代替案の利回りとする場合、計算利子率も課税の影響により小さくなると考えられるべきである。このことから、租税を考慮する前後の計算利子率を同一と見なすモデルには異議が唱えられるのである。

　このようなブラウン・モデルに対して、E. シュナイダーは、次のような見解に基づいて租税を考慮する前後で同一の計算利子率を用いた[8]。彼は、投資計算への課税の影響がわずかな側面でのみ生じるものであり、具体的には課税による収支への影響、課税による計算利子率への影響および課税の投資中立性条件を考慮する必要があると主張した[9]。ここでは、それらのうち課税による計算利子率への影響のみを取り上げることにする。彼によると、「所得税引後の最低要求利回りと所得税引前の最低要求利回りは異なるが、一般的に課税がなぜ計算利子率に影響を及ぼすのかということは把握されず」、計算利子率は投資家の最低要求利回りであり、これは投資家によって主観的に設定されるのである[10]。その際、最低要求利回りが資金調達の種類によって異なるのに対して、租税額もその種類によって影響を及ぼされる。しかし、このことは、租税を考慮する前後の計算利子率の関係を根拠づけるものではない。彼は、「計

算利子率に資金調達の種類が影響を及ぼす場合に、その種類が税率で分類されるなら、税率と計算利子率との間に間接的な関係が生じると考えられるが、この間接的な関係は存在しないし、また、その他の点においても課税前後で計算利子率が異なるとは言えない」と主張した[11]。投資の内部収益率に関して、税引後の内部収益率と税引前の内部収益率との関係が税率を含めた式で表されることもある。しかし、理論においても実践においても重要であるのは、課税後の内部収益率と計算利子率との関係であり、この収益率から租税を考慮する前後の計算利子率の関係を導くことはできないと考えられる。それゆえ、租税を考慮する前後で同じ利子率が用いられているのである。

以上のように、投資決定への課税の一般的な影響に関する考慮においては、ブラウンが主張したように租税を考慮する前後で同一の計算利子率を用いることにより、多くのケースに当てはまる結論を導くことができる。それに対して、E. シュナイダーは、租税を考慮する前後の計算利子率の関係を明確に示すことができないという理由から、それらの関係を論じずに、すなわち租税を考慮する前のケースを考慮に入れずに、課税後の計算利子率のみを取り上げ、モデルを構築したのである。

2. 課税後の計算利子率として税率を控除した利子率を用いる場合

標準モデルにおいては、租税を考慮した後の投資代替案がそれを考慮する前の代替案より不利になる現象である租税パラドックスという例外的なケースが示されうる。したがって、このモデルは、前述したような租税を考慮する前後で計算利子率を同一と見なすという前提条件を放棄して、一般的なケースにおける限界を指摘する。

標準モデルは、D. シュナイダーによって構築された。このモデルはブラウン・モデルに基づいて築かれたが、そこでの計算利子率の仮定を変更している[12]。彼は、「計算利子率はモデル簡略化のために用いるものであり、一般的

に該当するものではない」と考え、「その大きさはモデル簡略化やその他の仮定に基づく」と主張し、そして、その計算利子率を「理論的には競争均衡の完全市場における1期間の貨幣譲渡に対する競争均衡価格である」と定義したのである[13]。競争均衡の完全市場においては、投資計画や資金調達計画における貨幣譲渡に対してひとつの価格のみが存在する。すなわち、そこでは計算利子率は唯一であるとされる。しかし、実際には自己資本コストと他人資本コストが異なり、また、現行の税制に基づき他人資本コストが課税標準から控除されるため、競争均衡の完全市場という仮定があまりにも現実離れしていると考えられる。それゆえ、D. シュナイダーは、次の仮定に基づきモデルを構築する[14]。まず、企業者は内部金融による資金を利用する。そして、国家による特定の助成が与えられる。さらに、市場において支配的な利子率で任意金額の借入が可能であると同時に、その利子率で資金が投下されうる。このように、内部金融に限定することにより、資金調達方法による計算利子率の相違、すなわち他人金融による利子控除の問題がモデルから取り除かれた。そして、租税を考慮した後の計算利子率は、租税を考慮する前の計算利子率から税率を控除したものであると定義されたのである。

　ヴァグナー（Franz W. Wagner）とディリグル（Hans Dirrigl）の研究においても、D. シュナイダーと同様に標準モデルが用いられている。そこでは、「投資決定と所得引出計画（Entnahmeplan）および資金調達可能性を分離するために」、すなわち、投資計画と資金調達計画および配当政策を切り離して考慮するために、計算利子率は「他人資本に対する利子率、最適代替投資に対する利子率、補完的投資に対する利子率ならびに消費選好率（Konsumpräferenzrate）という4つの係数を示す」とされる[15]。そのため、彼らは、「計算利子率を主観的な最低要求利回りと見なすことは適切ではない」と主張するのである[16]。それゆえ、計算利子率として、そのような4つの係数を表す唯一の率が必要である。しかし、租税を考慮した場合、資金調達方法によって租税額が異なる、

また、資金調達の目的、すなわち投資のためかあるいは消費のためかによっても租税額が異なるという問題が生じる。原則的には、完全資本市場の仮定においてこの問題は生じないが、租税を考慮することにより、この仮定が否定されるのである。この問題克服のために、標準モデルにおいては自己資本による資金調達、ならびに、消費のための所得引出が収入余剰を上まわらないことという2つの仮定が設けられる。また、資本価値法は最終価値を測定することを目的とするのではなく、0の資本価値をもたらす代替案との比較が行われることから、計算利子率は補完的投資の利回りでもあり、代替投資の利回りでもある。したがって、それらの仮定を設けることにより、先に述べた4つの係数を満たす計算利子率が考えられるのである[17]。したがって、自己資本での資金調達と最終財産極大化目標という前提のもとで、代替投資に租税が課される場合、租税を考慮した後の計算利子率は、租税を考慮する前の計算利子率から税率を差し引いたものである。それによって、税率の大きさで代替投資への課税の影響が把握される。

シュトローベル（Wilhelm Strobel）は、D. シュナイダーらと同様に、投資決定は利益依存的であり、投資性向が利益税によってプラスの影響がもたらされる可能性があること、すなわち租税パラドックスという現象を立証するためにモデルを構築する[18]。その際、計算利子率への収益税の影響は、総利子把握と純利子把握という2つの分類のもとで考慮された[19]。ブラウンらが主張した見解である総利子把握において、利子支払いは税制上控除されず、利子払い込みは課税されない。しかし、現実には、利子が税制上の成果計算に組み込まれることから、利子支払いは税制上控除可能である。このことから、彼は、利子支払いが税制上控除可能であり、利子払い込みが即時に課税される純利子把握を用いた。それによって、租税を考慮した後の計算利子率は、租税を考慮する前の計算利子率から税率を控除したものであると定義されたのである。そこでは、私的な負債の利子が対象となる場合でも、利子支払いが税制上控除可能

であると見なされるが、彼は企業が自己金融を行う場合に限定したのである[20]。

　以上のように、標準モデルにおいては、計算利子率として代替投資の利回り、とりわけD.シュナイダーのモデルにおいては、確実な金融投資の利回りを用いた。この利回りが課税によって低下することから、計算利子率も税率分小さくなると考えられる。その場合、自己金融によって調達された資金を投下するという前提が必要となる。なぜなら、他人資本による資金調達を行った場合、それに対する利子が課税標準から控除されるべきであることから、計算利子率を税率分小さくすると、計算利子率が小さく見積もられるからである。すなわち、他人金融のケースにおいては、計算利子率を限界税率分小さくすると、投資の有利性が過大評価される可能性が生じるのである。

3. 他人資本による資金調達に仮定を設けて、計算利子率として実質利回りを用いる場合

　先に述べたように、自己金融による資金調達に限定するという前提条件は現実から逸脱すると考えられる。そのため、他人資本による資金調達も考慮に入れ、他人金融に特定の仮定を設けた計算利子率の定義づけが試みられた。ここでは、その代表的な見解としてD.シュナイダーおよびスヴォボダ（Peter Swoboda）の主張を取り上げる。

　租税パラドックスの発生条件として計算利子率が課税によって小さくなることが挙げられるが、D.シュナイダーは、租税を考慮した後の計算利子率に関して次の3つのアプローチを取り上げる[21]。第1に、ブラウン・モデルにおいて用いられるような租税を考慮する前後で同一の計算利子率を用いる方法がある。そこでは、代替投資の利回りが課税の影響を受けず、また、他人資本への利子が租税上控除されず、そして、主観的な最低要求利回りとしての利子率に課税の影響が生じないという前提のもとで、資本価値が算出される。この資本価値は、計算利子率において租税を考慮しない場合の資本価値、非課税の代

替投資の資本価値、ならびに、自己金融における非修正の利子率での資本価値に一致するのである。しかしながら、彼は、課税による一般的な影響ではなく、例外のケースすなわち租税パラドックスのケースを立証するために標準モデルを構築することから、計算利子率が課税に影響される第2のアプローチを用いる。そこでは、税率の引き上げによって投資代替案の税引後純利回りが低下するため、計算利子率は、租税を考慮することによって税率分小さくなると見なされるのである。しかし、この見解は、自己資本による資金調達の場合に有効であるが、他人資本による資金調達の場合には当てはまらない。このことから、第3の完全な他人金融のケースとして、「他人金融の場合の課税利益として1期間の収入余剰から税制上の減価償却費と他人資本利子を控除したものを、計算利子率ここでは資本の実質利回りである租税を考慮する前の計算利子率で割り引いて資本価値を求める方法」が主張されている[22]。この方法の前提には、投資の初期調達額はすべてが他人資本で調達され、その金額は投資の有効期間中に残存簿価の大きさで拘束され、そして、利用年度後に税制上の減価償却（steuerliche Abschreibung）の大きさで返済されるということがある[23]。しかし、このモデルにおいて、資本の実質利回りを租税を考慮する前の計算利子率とする根拠は示されていないのである。

　このような D. シュナイダーの完全な他人金融のケースを、スヴォボダは租税を考慮する前後の計算利子率を同一視していることなどに関して批判した。そして、企業が投資プロジェクトの自己資本と他人資本との最も有利な関係を資金調達規則（Finanzierungsregeln）において定めると仮定し、次の3つの代替的規則を挙げた[24]。第1に、t年度期首の他人資本持ち分を、t年度期首の収益価値に他人資本比率を乗じたもの、そして、t年度期首の自己資本持ち分を、t年度期首の収益価値に自己資本比率を乗じたものとする。第2に、t年度期首の他人資本持ち分を、設備の再調達価格から減価償却額を差し引いたものに他人資本比率を乗じたもの、そして、t年度期首の自己資本持ち分を、全

体に拘束された資本（収益価値）から他人資本持ち分を差し引いたものとする。第3に、t年度期首の他人資本持ち分を、t年度期首の税務貸借対照表上の簿価に他人資本比率を乗じたもの、そして、t年度期首の自己資本持ち分を、全体に拘束された資本（収益価値）から他人資本持ち分を差し引いたものとする。彼は、自己資本と他人資本との比率をこのような規則に基づいて考慮したが、この計算利子率は加重平均により算出されるのである[25]。

$$i = \frac{自己資本}{総資本} \times r_e + \frac{他人資本}{総資本} \times k\,(1-s) \qquad (6-2)$$

　　i　計算利子率、r_e　自己資本利回り、k　他人資本利子率、s　税率

スヴォボダは、他人資本プロジェクトを簿価の一定の割合と定める第3のケースが実践において最も一般的であると主張する[26]。

　ここでは、これらのモデルの詳細を取り上げずに、計算利子率のアプローチのみを考慮する。そこでは、他人資本に対する計算利子率の問題、すなわち投資の有利性を過剰に評価するという問題に対する答えは示されていないのである。確かに、自己資本と他人資本の両方を利用した資金調達モデルは、自己金融に限定したケースよりも現実的であると考えられる。また、そのモデルにおいては、租税を考慮する前後の計算利子率が同一であると見なすモデルと異なり、投資に対して課税の影響が一様ではないという結論が導かれる。しかし、モデルが複雑になるため、普遍的な言明をとりわけ租税パラドックスという観点から明らかにすることは困難になる。したがって、これらのモデルは自己金融に限定したモデルを発展させたものであるにもかかわらず、標準モデルにおいては自己金融による資金調達に限定するという前提が設けられるのである。その背景には、多くの研究者が自己金融論に取り組んでいるドイツ特有の自己金融を重視した企業政策があると考えられる。

4. 収入余剰から税額を控除せず、計算利子率を税率分大きく見積もる場合

最後に、収入余剰から租税支払額を控除せず、その代わりに計算利子率を税率分大きく見積もり、利子割引を行う方法を取り上げる。マーテンス (Peter Mertens) は、先に挙げた研究者と同様に、企業が総利益の極大化ではなく純利益の極大化を目標とするため、投資決定において法人税を考慮に入れなければならないと主張する。計算が複雑になるため、投資計算において租税を考慮しないという主張もある。しかし、彼は、一般的にその影響を組み込むべきであり、その際に計算利子率の修正が必要であると考えたのである[27]。その場合、彼は「計算利子率を、投資計算において収支のフローを割り引くための割引利子率」であると見なした[28]。そして、「投資が少なくとも一定の利子率での実際の利回りを生み出さなければならないなら、計算利子率はそれに相応して引き上げられるし、また、計算利子率として自己資本や他人資本に対する名目純利子率の大きさを基礎に置くなら、その率を獲得する投資は企業にとってそのアプローチのもとでの実質利回りをもたらす」と主張したのである[29]。

そこでは、純利子率を総利子率に換算する係数が、自己金融のケース、他人金融のケースならびにそれらの組み合わせによる資金調達のケースにおいて、それぞれの税率との関係から導かれた。ここでは、その詳細な計算方法について言及しないが、彼は、資本価値計算における収益税の影響を考える場合に、資本価値の測定方法として、収益税引後の利益を純利子率で割り引く方法と収益税引前の利益を総利子率で割り引く方法を唱えた。彼は、後者の方法が簡潔でメリットがあると主張し、そして、比例税率と定額償却という前提条件のもとで、資本の実質利回りである純利子率に前述の係数を乗ずることにより総利子率を導き、収支のフローを総利子率で割り引いた資本価値を求めたのである[30]。しかし、計算利子率の相違から、2つの方法における資本価値が大きく異なる可能性もある。マーテンスが推奨する総額法においては、収益から租税額が控除されていないため、すなわち減価償却による影響を取り上げていない

ため、現実とはかなり逸脱する結果をもたらす可能性も考えられるのである。

Ⅳ 結

　本章で取り上げた計算利子率に関する4つのアプローチすべてにおいて、租税は意思決定に影響を及ぼす要因であると考えられている。しかし、原則的に収益税は利益に一律に課せられるため、多くの場合、意思決定において考慮する必要がないほどその影響は小さい。なぜなら、投資計算においては、代替案の相対的な比較が行われるため、すべてに一様に課せられる要因は相殺されるからである。しかしながら、このような一般的なケースに該当しない場合が存在し、その際に投資決定において租税が考慮すべき要因となるのである。租税パラドックスはこのような例外的なケースのひとつである。この現象を分析すること、あるいは、それを基準として意思決定や税制を分析することによって、投資決定が租税の側面から取り上げられるのである。

　モデルを構築する際にも、租税パラドックスという側面から投資決定を考慮するために、いくつかの仮定が設けられなければならない。標準モデルにおいては、ある程度完全な資本市場と自己金融による資金調達を前提とすることにより、自己資本コストと他人資本コストとの相違、ならびに、課税標準からの他人資本利子の控除、このことによる計算利子率への課税の影響における他人資本利子控除の問題などが取り除かれるのである。これらの条件下では、租税を考慮した後の計算利子率は、$i_s = (1-s)i$から算出される。そして、このような前提条件を設けることによって、普遍的な言明として租税パラドックスという現象が説明される。すなわち、租税パラドックスの観点から投資決定が分析されるのである。

　したがって、モデルの目的にそうように、$i_s = (1-s)i$が仮定される。しかし、Ⅲ節において主張したように、自己金融による資金調達への限定はあまり

にも簡略化しすぎているという批判がある。その一方で、完全な他人金融に限定するアプローチも見られるが、これも同様の問題を含む。それゆえ、自己金融と他人金融の両方を考慮に入れたモデルを構築することが必要となるのである。

（1） Schneider, D. : Investition, Finanzierung und Besteuerung, 7. Aufl., Wiesbaden 1992, S. 226. Kahle, H. : Der kapitaltheoretische Gewinn als entscheidungsneutrale Steuerbemessungsgrundlage, WiSt, 24. Jg.（1995）, S. 214-218 hier S. 215.
（2） ここでの分類は、田渕　進『西ドイツ経営税務論』森山書店、1986年、95、96ページに基づくものである。
（3） 田渕　進、前掲書、96ページ。
（4） 田渕　進、前掲書、96ページ。
（5） 田渕　進、前掲書、96ページ。
（6） Brown, E. C. : Business-Income Taxation and Investment Incentives, in : Metzler, L. A., Domar, E. D., Duesenberry, J. S. et al. : Income, Employment and Public Policy, Essays in Honor of Alvin H. Hansen, W. W. Norton & Company 1948, pp. 300-316.（小原敬士訳「榮業収益税と投資誘因」永田　清・都留重人監修訳『A・H・ハンセン記念論文集　所得・雇傭及び公共政策』下巻、有斐閣、1952年、98-117ページ。）
（7） Brown, E. C. : op. cit., pp. 300-316.（小原敬士訳、前掲訳、98-117ページ。）
（8） Schneider, E. : Kritisches und Positives zur Theorie der Investition, Weltwirtschaftliches Archiv, 98. Bd.（1967）, S. 314-348.
（9） Schneider, E. : a. a. O., S. 338.
（10） Schneider, E. : a. a. O., S. 339.
（11） Schneider, E. : a. a. O., S. 340.
（12） Schneider, D. : a. a. O., S. 95-103.
（13） Schneider, D. : a. a. O., S. 102.
（14） Schneider, D. : a. a. O., S. 102 f.
（15） Wagner, F. W. und Dirrigl, H. : Die Steuerplanung der Unternehmung, Stuttgart/New York 1980, S. 23-68 hier S. 31.
（16） Wagner, F. W. und Dirrigl, H. : a. a. O., S. 31.

(17) Wagner, F. W. und Dirrigl, H. : a. a. O., S. 31-33.
(18) Strobel, W. : Der Einfluß der Gewinnsteuer auf Investitionsentscheidungen, ZfB, 40. Jg. (1970), S. 375-398.
(19) Strobel, W. : a. a. O., S. 382-384.
(20) Strobel, W. : a. a. O., S. 384.
(21) Schneider, D. : Korrekturen zum Einfluß der Besteuerung auf die Investition, ZfbF, 21. Jg. (1969), S. 297-325 hier S. 306-308.
(22) Schneider, D. : a. a. O., S. 308.
(23) Schneider, D. : a. a. O., S. 308.
(24) Swoboda, P. : Die Wirkungen von steuerlichen Abschreibungen auf den Kapitalwert von Investitionsprojekten bei unterschiedlichen Finanzierungsformen, ZfbF, 22. Jg. (1970), S. 77-86 hier S. 80 f.
(25) Swoboda, P. : a. a. O., S. 81.
(26) Swoboda, P. : a. a. O., S. 84.
(27) Mertens, P. : Ertragsteuerwirkungen auf die Investitionsfinanzierung — ihre Berücksichtigung in der Investitionsrechnung, ZfhF, N. F., 14. Jg. (1962), S. 570-588 hier S. 571-577.
(28) Mertens, P. : a. a. O., S. 572.
(29) Mertens, P. : a. a. O., S. 572.
(30) Mertens, P. : a. a. O., S. 580 f.

第Ⅲ部　経営税務論と企業者職能

第7章　企業者職能論と企業課税

I　序

　近年、多くの研究者が企業者、企業者職能あるいは企業家精神というテーマに取り組んでおり、シュナイダー (Dieter Schneider) もその中の一人である。彼は、自らの構築した企業者職能論に基づき経営経済学の体系化を試み、それを制度の個別経済学と称する。第1章において説明したように、彼の理論は、メンガー (Carl Menger) やミーゼス (Ludwig E. von Mises) などのオーストリア学派の思考を受け継いでいる。そこでは、所得の不確実性という概念が基礎に置かれ、また、企業者の自律性が強く主張されている。企業者職能論としてひとつの理論を構築し、それによって経営経済学を体系づけたことに彼の功績が見られるのである。

　シュナイダーは企業者職能論によって経営経済学を体系づけたが、企業における個別の問題をその観点から考察するということは不十分である。したがって、企業者職能論に基づいてそのような個別問題に取り組むことが必要である。ここでは、各論の問題として企業課税を取り上げる。一般的に企業課税に関しては租税制度の問題が論じられることが多いが、そのような制度的な説明ではなく、投資決定の問題として課税が企業政策にどのような影響を及ぼすの

かということが考察されなければならないのである。

以下においては、第1章において説明した企業者職能論を再び取り上げ、その理論形成の意義を明らかにする。そして、この理論の観点から企業課税の問題がいかに論じられるのかということを検討する。

II 企業者職能論とその評価

シュナイダーは、所得の不確実性およびそれを減少させるための制度という概念を基礎において、企業者職能論を構築する[1]。通常、自給自足の生活がほとんど不可能であるため、人間は欲求を満たすために貨幣を媒介とした交換（取引）を行わなければならない。その取引によって所得が獲得されるが、制度の個別経済学はこの所得の側面を考察の対象とする。また、将来についての完全な予測が不可能であるため、取引の結果は不確実である。この取引の不確実性の結果として、計画において意図された所得と実際に獲得された所得の間に相違が生じるのである[2]。このような所得獲得の際の不確実性は2つの経験的事実から生じる[3]。それは、人間行動の結果についての知識の不完全性ならびに人間の知識、意図および能力の不均等分布である。人間の持つ知識は不完全であり、この知識が不均等に分布していることは経験的にも理解される。このような不完全な知識の不均等分布によって、所得の不確実性がひき起こされるのである。

制度の個別経済学においては、この所得の不確実性をいかに減少させるのかということが論じられる。所得の不確実性を減少させるために、制度が構築される。この制度は、「規則システム（秩序）としての制度」と「行動システム（組織）としての制度」から成る[4]。規則システムは個々の規則の集合であり、これらの規則によって将来に起こるかもしれない予測できない事象をある程度減らすことができる。それに対して、行動システムとしての制度は、そのよう

な規則システムによって秩序づけられた行動過程から成り立っている。これらの制度は、所得の不確実性を減少させるという共通の目的によって構築されるのである。

　シュナイダーは、このような所得の不確実性や制度の概念に基づいて企業者職能論を構築したが、彼の理論はオーストリア学派、さらに遡ってはリーデル（Adolf Friedrich J. Riedel）などの流れを汲んでいる。彼は、自己責任において所得を獲得することが個人の義務であると考え、そして、自らの知識、労働力およびその他の能力を利用することによって自己責任の範囲で所得を獲得する人すべてを企業者と見なしたのである[5]。この意味で用いられる企業者は、一般的に考えられている概念より広範である。しかし、自己責任で所得を獲得する人間すべてが企業者であるからといって、その人たちが企業者職能を行使するとは限らない[6]。すべての人間が企業者であるにもかかわらず、多くの人はわずかな機会にのみ企業者職能を行使するに過ぎず、自分より知識の優位性や多くの能力を有する人に自らの企業者職能を委託するのである。シュナイダーは、そのようにして他人から企業者職能を委託された人をマネージャーと称し、企業者と区分している[7]。

　このような企業者が行使する企業者職能として、第1に、他人から所得の不確実性を一時的に引き受けて、制度を構築すること、第2に、裁定利益もしくは投機利益を追求して、外部に対して制度を維持すること、そして、第3に、変革を遂行して、組織内で制度を維持することがある[8]。まず、企業者は、自らの所得の不確実性を減少させるために、他人から所得の不確実性を引き受けることにより制度を構築する。この制度の典型的なものが企業である。この企業者職能に関して、古くはカンティロン（Richard Cantillon）が取り上げ、その一世紀以上後にリーデルが再び取り上げている[9]。また、リーデルは、「企業者の活動は（一般的に企業者職能概念として考えられる—引用者）生産手段の結合よりも、裁定利益の獲得に重要性が置かれている」と主張している[10]。そ

れゆえ、企業者は、裁定取引者である投機家として、すなわち不確実性を伴う調達市場と販売市場の仲介者として活動し、そして、人間の知識が不完全で不均等に分布していることを利用することにより裁定利益を獲得するのである[11]。また、このような裁定利益を獲得するために、企業者は、組織内で制度を維持する企業者職能として変革を遂行する。リーデルは、組織においてマネージャーによって行使されるこの企業者職能を企業者による「監督」と表現し、企業者は「継続的な監督管理や統制」によって企業を維持すると主張している[12]。

　シュナイダーはこのような3つの職能を企業者職能として取り上げ、経営経済学の体系化を試みたが、これらの職能は彼独自の見解ではなく、過去においても言及されている。しかし、国民経済学におけるオーストリア学派の主張に取り組み、さらにリーデルの研究にまで遡り、そして、そこで取り上げられている企業者職能を経営経済学の観点から考察し、ひとつの体系を確立したことは彼の功績である。また、彼は、経営経済学の研究対象を企業の問題に限定せずに家計にまで広げなければならないと主張するが、実際には、企業における問題のみを考察している。このことは、制度を維持する企業者職能に関して、最初はその制度を企業およびその他の制度としていたにもかかわらず、後にそれを企業に限定していることからも明らかである[13]。そして、彼は、すべての人が企業者であるが、彼らの多くは自らの企業者職能を行使せず、他人に委託すると主張しており、このようにして企業者職能を委託された人をマネージャーと称している。したがって、経営者は、従業員や株主などから企業者職能を委託されることにより、企業を管理することになる。このように、企業構成員の関係について理論的に説明したことにもシュナイダーの貢献が見られる。

　以上のことからも明らかなように、企業者職能論の観点から企業の問題に取り組む場合、次のことが論じられなければならない。人間の知識が不完全で不均等に分布していることを利用することによって利益を獲得するために、経営

者がいかなる意思決定を行うのか、その際、いかなる制度を新たに構築するのか、また、組織をいかに変革させるのかということが考察されるのである。

Ⅲ　企業者職能論に基づく企業課税の考察

　各論において企業の問題を企業者職能論に基づいて考察する場合、それは企業管理者の意思決定の問題として取り組まれる。先に述べたように、他人の所得の不確実性を引き受ける企業者をマネージャーと称するが、これは企業においては企業管理者である。したがって、各論においては、彼らが裁定利益を獲得するために、いかなる意思決定を為すのか、また、いかなる制度を新たに構築するのか、あるいは、組織をいかに変革するのかということが取り上げられなければならない。すなわち、企業者職能論に基づく企業の個別問題の考察は、企業管理者が不完全な知識が不均等に分布していることを利用して利益を獲得するために、いかなる意思決定を為すのかということを明らかにすることを課題とするのである。

　その一方で、企業課税に関する研究の多くは租税制度の説明に重点が置かれている。しかし、この問題を経営経済学において取り上げる場合、それは意思決定の問題として租税影響論や租税形成論において考察されなければならない。そこでは、課税が企業政策にいかなる影響を及ぼすのか、また、その影響を把握した後にいかなる意思決定が為されるべきかということが明らかにされる。以上のことから、企業者職能論の観点から企業課税の問題を取り上げる場合、企業管理者が自らの知識の優位性を用いて利益を獲得するために、課税を考慮した際にいかなる行動代替案が有利であるのか、また、いかにして租税負担を削減するのかという意思決定の問題が論じられねばならないのである。

　シュナイダーは、企業課税の問題として政府の租税政策の不適切性を指摘している。この不適切性は、政府における知識が不完全であることに基づいてい

る。しかし、ここでは、企業管理者の意思決定の問題として企業課税を取り上げる。すなわち、そのような不適切性を利用することによって、彼らがいかにして利益を獲得できるのかということが論じられるのである。その際、裁定利益を獲得するための2つのプロセスが考えられる[14]。第1のプロセスにおいて、所与の条件のもとでの行動代替案に対する経済的租税負担（wirtschaftliche Steuerbelastung）が算出される[15]。これは、税制上での投資促進措置が与えられた場合にとりわけ重要である。第2のプロセスは、新たな枠組み条件の構築である。すなわち、市場パートナーとの形成機会（Gestaltungsmöglichkeit）の中で最小の経済的租税負担をもたらす制度が追求されるのである。

　まず、企業管理者は、法的租税負担（rechtliche Steuerbelastung）と経済的租税負担の相違に着目し、実質的な租税負担として経済的租税負担を算出する。投資促進措置が与えられた場合にその負担額に影響が生じるため、裁定利益を獲得するための最初の考察として、税率が引き下げられたり、投資奨励金（Investitionszulage）や投資補助金（Investitionszuschuss）が与えられたり、あるいは、特別減価償却（Sonderabschreibung）が認められたりした場合の企業管理者の意思決定に対する課税の影響が明らかにされなければならない。たとえば、税率が引き下げられた場合に彼らは投資を拡大するべきか、あるいは、投資奨励金、投資補助金および特別減価償却などの投資促進措置の中で利益を獲得するためにはどの措置が最も効果的であるのかということが考察されるのである。このような問題は、全体経済的な観点からも、どの政策が最も適切であるのかということが論じられる。しかし、経営経済学においては、企業管理者の立場からこの問題が取り組まれるのである。

　そして、このような経済的租税負担を把握した後に、それらの負担を可能な限り回避するための新たな制度の構築や組織の変革が試みられる。もちろん、この租税回避は合法的な範囲におけるものだけが考慮に入れられる。しかし、法律や政府による政策が必ずしも適切であるわけではなく、企業管理者はその

ことを利用することにより裁定利益を獲得するのである。このことに関しては、たとえば企業の法的形態の変更、立地の問題あるいはリース契約などが典型的な問題として取り上げられる。

　以上のように、企業者職能論の観点から企業課税の問題に取り組む場合、企業管理者の立場から、彼らが不完全な知識の不均等分布を利用することによって、とりわけ政府に対する知識の優位性によって裁定利益を獲得するための方法を明らかにすることが課題となる。すなわち、投資促進措置が与えられた場合に企業管理者がいかなる意思決定を為すのか、そして、彼らは新たな制度を構築したりあるいは組織を変革したりすることによっていかに租税を回避できるのかということが考察されなければならないのである。

Ⅳ　結

　シュナイダーは、企業者職能論に基づいて経営経済学の体系化を試みた。それはオーストリア学派の影響を受け、そして、不確実性の概念や企業者の自律性を基礎に置いたものである。しかし、彼は、その体系の中で企業における個別問題をいかに論じるのかということをほとんど取り上げていない。企業者職能論においては、企業者職能を委託された経営者によって企業の管理が行われると考えられる。したがって、各論における企業の個別問題は、企業管理者による意思決定の問題として考察されなければならないのである。それゆえ、彼らが裁定利益を獲得するために、すなわち人間の知識が不完全で不均等に分布していることから生じる自らの知識の優位性を利用して利益を得るために、いかなる意思決定が為されるべきかということが論じられる。

　本章においては、企業者職能論の観点から企業課税の問題がいかに論じられるのかということを明らかにした。経営経済学において企業課税の問題は租税制度の説明ではなく、意思決定の問題として取り上げられなければならない。

したがって、企業者職能論に基づいて企業課税の問題に取り組む場合、次のことが論じられるのである。まず、経済的租税負担を算出することによって、課税が意思決定に及ぼす影響が明らかにされる。さらに、新たな制度を構築したり、あるいは、組織を変革したりすることによって、いかに租税が回避されるのかということが考察されなければならない。すなわち、企業者職能論のもとでの企業課税の研究として、企業管理者が不適切な税法や政府による租税政策を利用することによって、いかにして裁定利益を獲得できるのかということが論じられなければならないのである。その具体的な考察として、税制上の投資促進措置による影響、ならびに、租税回避のための制度としてのリース契約を、後の章で取り上げる。

(1) 企業者職能論については、以下を参照。Schneider, D. : Allgemeine Betriebswirtschaftslehre, 2. Aufl., München/Wien 1985, S. 5 ff. Ders. : Betriebswirtschaftslehre, 1. Bd. : Grundlagen, 2. Aufl., München/Wien 1995, S. 24 und 30 ff.（D.シュナイダー著、深山　明訳『企業者職能論』森山書店、2008年。）Ders. : Betriebswirtschaftslehre, 4. Bd. : Geschichte und Methoden der Wirtschaftswissenschaft, München/Wien 2001, S. 509 ff. 森　昭夫「『制度論的経営経済学』について―ディーター・シュナイダーの所説を巡って―」『国民経済雑誌』（神戸大学）第156巻第6号、1987年、63-76ページ。D. シュナイダー著、森　昭夫訳「企業者職能による経営経済学の新構築」『會計』第134巻第2号、1988年、119-136ページ。生駒道弘「D. シュナイダー教授の企業者職能論」『商学論究』（関西学院大学）第36巻第4号、1989年、25-39ページ。田渕　進「シュナイダーの企業者職能論」大橋昭一編著『現代のドイツ経営学』税務経理協会、1991年、237-250ページ。
(2) Schneider, D. : Betriebswirtschaftslehre, 1. Bd., S. 14.
(3) Schneider, D. : a. a. O., S. 7.
(4) Schneider, D. : a. a. O., S. 20 ff.
(5) Schneider, D. : a. a. O., S. 6 und 31.
(6) その理由として、企業者は企業者職能を行使するために必要な職分を認識し

たり、満たしたりする必要がないということが挙げられている（Schneider, D. : a. a. O., S. 32）。
（7） Schneider, D. : a. a. O., S. 32 f.
（8） Schneider, D. : Allgemeine Betriebswirtschaftslehre, S. 8. Ders. : Betriebswirtschaftslehre, 1. Bd., S. 33. Ders. : Betriebswirtschaftslehre, 4. Bd., S. 511 f.
（9） Cantillon, R. : Essai sur la Nature du Commerce en Général, edited with an English Translation and other material by Henry Higgs, C. B., Macmillan 1931, pp. 47-57 and 149-158.（戸田正雄訳『カンティヨン商業論』日本評論社、1943年、40-48および120-128ページ。）Riedel, A. F. : Nationalöconomie oder Volkswirthschaft, 2. Bd., Berlin 1839, S. 16 und 286.
（10） Riedel, A. F. : a. a. O., S. 11.
（11） Schneider, D. : Betriebswirtschaftslehre, 1. Bd., S. 37.
（12） Riedel, A. F. : a. a. O., S. 12.
（13） Schneider, D. : Allgemeine Betriebswirtschaftslehre, S. 8. Ders. : Betriebswirtschaftslehre, 4. Bd., S. 511 f.
（14） Schneider, D. : Betriebswirtschaftslehre, 3. Bd. : Theorie der Unternehmung, München/Wien 1997, S. 644.
（15） 経済的租税負担とは、経営経済的に規定される課税標準に対する支払い、すなわち法的租税負担に課税標準における優遇（たとえば、特別減価償却）や補助金による軽減もしくは追加負担を加減したものである。これを実質税負担とも称する。Vgl. Schneider, D. : Investition, Finanzierung und Besteuerung, 7. Aufl., Wiesbaden 1992, S. 181. Ders. : Betriebswirtschaftslehre, 3. Bd., S. 608. 田近栄治・油井雄二『日本の企業課税―中立性の視点による分析―』東洋経済新報社、2000年、59-121ページ。

第8章　投資促進措置と企業課税

I　序

　原則的に企業課税は意思決定に対して中立的でなければならないが、現実には意思決定中立的な課税は実現されていない。その理由のひとつに、税制がさまざまな政策的な配慮に基づいて規定されていることがある。それによって、租税を考慮する前後で意思決定代替案の優先順位が変化する租税パラドックスという現象がひき起こされるのである[1]。企業管理者は、このような税制上の不備（課税の投資中立性のゆがみ）を利用することにより利益を獲得する。すなわち、彼らは、政府に対して知識の優位性を持つことにより、裁定利益を獲得するのである。経営経済学において企業課税の問題を取り上げる場合、この側面が論じられなければならない。換言すると、経営税務論においては、企業管理者が所与の税制のもとでいかに租税負担を削減し、裁定利益を獲得するのかということが考察されるのである[2]。その際、裁定利益の獲得のための2つのプロセスが挙げられる[3]。第1のプロセスでは、所与の条件のもとで意思決定代替案に対する経済的租税負担が算出される。税制に関連する投資促進措置が実施される場合、このプロセスが考慮される。第2のプロセスにおいては、新たな枠組み条件が構築される。すなわち、市場パートナーとの形成機会の中で

最小の経済的租税負担をもたらす制度が追求されるのである。

　以下においては、第1のプロセスにおける投資促進措置と税制との関連を経済的租税負担の観点から考察する。ここでは、ドイツにおける直接的な投資促進措置である投資奨励金、投資補助金および特別減価償却、ならびに、税率の引き下げを取り上げる。それらが企業の意思決定にいかなる影響を及ぼすのか、また、それらの組み合わせによっていかなる効果が生じるのか、そして、いずれの措置が税制との関連で企業管理者にとって効果的であるのかということについて検討する。それによって、投資促進措置が税制上の処理に依拠していること、すなわち投資促進措置と企業課税との関係を明らかにしたい。

Ⅱ　投資促進措置の制度的考察

　さまざまな国においてさまざまな特定地域および特定部門への投資に対してさまざまな促進措置が実施されている。それらの措置によって課税の投資中立性がゆがめられているのである。以下においては、それらの措置の中で税率の引き下げならびにドイツにおける投資促進措置として投資奨励金、投資補助金および特別減価償却を取り上げる。まず、それらの制度的な説明を行う。

1. 税率の引き下げ

　利益税率が引き下げられた場合、投資性向が高められると一般的に考えられている。このような主張に対して次のような理由から異議が唱えられる[4]。第1に、政府に利益税率の引き下げなどの政策提案を行う政治家や大学教授などへの疑惑がある。税率の引き下げが消費を促進するのに対して、投資奨励金などの直接的な投資促進は消費に影響を及ぼさないと主張されることがある。しかし、所得税の引き下げによって政府に政策提案を行う政治家や大学教授などの非企業者に利益がもたらされる一方で、投資奨励金などによって彼らが利益

を得ることはないのである。第2に、企業が税率の引き下げによって得た資金を追加的な投資に用いるとは限らず、それを負債の削減などに利用する可能性がある。それに対して、直接的な投資促進は追加的な投資に利用されることが前提であり、そのことが職場や雇用の創出へとつながるのである。また、税率の引き下げが投資性向を高める場合でさえ、それが国外に投資されたり、あるいは、安定的な利子を獲得するために国債が購入されたりすることも考えられる。そのため、国内における職場や雇用の創出へと向かわない可能性がある。第3に、直接的な投資促進と異なり、税率の引き下げはリスク性向を低下させる場合がある[5]。

このような理由から、投資性向を高めるための措置として、税率の引き下げよりも直接的な投資促進措置が効果的であると見なされるのである。

2. 投資奨励金

投資奨励金は、旧東ドイツ地域促進のための1993年特定地域振興助成法 (Fördergebietsgesetz 1993) と1996年投資奨励金法 (Investitionszulagengesetz 1996) を統合した1999年投資奨励金法 (Investitionszulagengesetz 1999) に規定されている[6]。これは直接的な租税優遇ではなく、特定の投資対象の調達原価や製造原価に対する直接助成金である。しかし、直接的な投資促進措置の財務的な効果が税制上の処理にかなり依存していることから、投資奨励金に対する税制の影響も考慮されねばならないのである。投資奨励金は、1999年から2004年までに申請を行うことにより、経営部門や経営規模に応じて投資の調達原価や製造原価の5％から12.5％相当の助成金として与えられた。その収入は非課税である。また、それは投資財の減価償却総額を減少させず、そして、損失年度にも認められる。それゆえ、投資により利益が発生する場合と損失が発生する場合のいずれにおいても、その投資に対して有効に作用するのである。もちろん収益性の側面だけではなく、流動性の側面においてもプラスの

効果が生じる。

したがって、投資奨励金はいかなる状況においても投資にとって有利に作用し、投資促進のための資金調達支援として非常に効果的な措置であると考えられる。

3. 投資補助金

投資補助金は、「地域的な経済構造の改善（Verbesserung der regionalen Wirtschaftsstruktur）」という共同課題に関する法的枠組みにおいて、新連邦州の経済促進などを目的に導入された[7]。促進率は投資対象や投資規模に基づいて規定される。また、投資補助金は前述の投資奨励金と異なり、次のような2つの税制上の選択権が与えられる。一方は、補助金による収入を経営収入（Betriebseinnahmen）と見なし、その収入に租税が課されるが、投資財に対する減価償却総額（Abschreibungspotential）が削減されないという成果作用的方法（erfolgswirksamer Ansatz）である。他方は、その収入を非課税とするが、調達原価あるいは製造原価を減少させるために減価償却総額も削減されるという成果中立的方法（erfolgsneutraler Ansatz）である。成果中立的方法を選択した場合、投資補助金による収入は課税により減少しないが、減価償却総額が削減されるために租税負担が増大し、そして、減価償却によりもたらされる利子利益も小さくなる。後述する特別減価償却との組み合わせにおいては、その償却に対する基準値が減少するという不利益が生じる。しかしながら、成果作用的方法を選択した場合、減価償却による不利益がひき起こされることはないが、その収入に直接的に租税が課されるため、課税による不利益がもたらされるのである。したがって、投資補助金について2つの選択権が与えられているが、その投資により利益が発生する場合、成果中立的方法の選択が有利であると考えられる。

以上のことから、収入に租税が課されるあるいは減価償却総額が削減される

投資補助金よりも、前述の投資奨励金が企業管理者にとって効果的な資金調達措置であると見なされるのである。

4. 特別減価償却

　立地促進や経済政策などのためにしばしば利用される投資促進措置のひとつに特別減価償却がある[8]。これは特定の期間、地域、物的および人的範囲に限定され、そして、所得税法第7条に基づく計画的な減価償却との併用が認められている[9]。特別減価償却は、経済財の調達原価や製造原価、事後的な製造作業に費やされた製造原価ならびに近代化措置や他の事後的な製造原価に割り当てられる調達原価に基づいて適用される。振興助成地域において、特別減価償却は投資奨励金や投資補助金との併用が認められていたが、1999年投資奨励金法が制定された際に、特別減価償却と投資奨励金による二重の投資促進は廃止された。また、前述の2つの助成金と異なり、国庫による直接的な支出が発生せず、租税の延納（Steuerstundung）として作用するため、投資により利益が発生した場合にのみ企業にとって収益性の効果が生じる。したがって、特別減価償却は企業管理者にとって流動性の側面において効果的な措置であるが、収益性の側面では租税支払いの繰延から生じる利子利益による効果に限定されるのである。

　以上のことから、投資奨励金が収益状況に依拠しないのに対して、特別減価償却は少なくとも認められた償却額相当の利益が発生する場合にのみ資金調達手段として有効である。したがって、特別減価償却より投資奨励金が企業管理者にとって効果的な投資促進措置であると考えられる。

Ⅲ　投資促進措置と経済的租税負担

　このような投資促進措置に対する制度的な考察を具体例を用いて実証する[10]。

ここでは、資本会社が自己金融によって資金調達した場合の投資を取り上げ、その収益性に対する投資促進措置の影響を明らかにする。その際、次のような仮定を設ける。まず、投資の有効期間を 8 年とし、投資支出を初期投資に限定する。そして、税引前の利回りを 10 ％、営業収益税（Gewerbeertragsteuer）の賦課率（Hebesatz）[11] を 480 ％、法人税率を 45 ％そして連帯付加金（Solidaritätszuschlag）[12] を 7.5 ％とする場合、税引後の利回りは次のように算出される。

税引後利回り
= (1 − 営業収益税)｛1 − (1 + 連帯付加金) × 法人税率｝× 税引前利回り
= (1 − 0.1935)｛1 − (1 + 0.075) × 0.45｝× 0.1
≒ 0.0416

この値から次の限界税率が導かれる。

$$\frac{0.1 - 0.0416}{0.1} = 0.584$$

簡略化のために、収益価値償却の現在価値と税法上の減価償却の現在価値が一致するように投資収入が推移すると仮定する。すなわち、投資促進措置が与えられていない場合の経済的租税負担が、58.4 ％の限界税率に等しいとする[13]。さらに、調達原価を 100,000 とし、減価償却は 5 年目までは 30 ％の定率で、6 年目以降は残存簿価の均等割による定額で行われるとする。その場合、投資の収支は図表 8-1 で示されるように推移する。

第8章　投資促進措置と企業課税　129

(図表 8-1) 投資促進措置が実施されない投資

年度	税引前の収支	残存簿価	減価償却額	課税所得	税額	税引後の収支
	-100,000	100,000	0	0	0	-100,000
1	40,000	70,000	30,000	10,000	5,840	34,160
2	28,000	49,000	21,000	7,000	4,088	23,912
3	20,000	34,300	14,700	5,300	3,095	16,905
4	14,000	24,010	10,290	3,710	2,167	11,833
5	10,000	16,807	7,203	2,797	1,633	8,367
6	6,000	11,205	5,602	398	232	5,768
7	6,000	5,603	5,602	398	232	5,768
8	6,900	0	5,603	1,297	758	6,142

　このような条件のもとで、各期の収入余剰は税引前に10％、税引後に4.16％で再投資されるとした場合、収入余剰の最終価値は税引前に約214,330、そして、税引後に約138,493となる。したがって、それぞれ約10％と約4.15％の利回りが導き出される。以下においては、これらの投資利回りおよび経済的租税負担が投資促進措置によっていかなる影響を受けるのかということを明らかにする。

1. 投資奨励金と経済的租税負担

　前述の条件のもとで、調達原価の5％の大きさの投資奨励金が与えられるとする[14]。その場合、1年目の税引前の収入余剰は、40,000から45,000へと5,000大きくなる。前節で説明したように、投資奨励金は非課税であり、かつ、減価償却総額を変化させないため、課税所得は、投資奨励金が与えられていない場合と同じく10,000である。したがって、税引後の収入余剰も、34,160から39,160へと5,000大きくなるのである。

(図表 8-2) 調達原価の 5 ％の投資奨励金が与えられた投資

年度	税引前の収支	残存簿価	減価償却額	課税所得	税額	税引後の収支
	-100,000	100,000	0	0	0	-100,000
1	45,000	70,000	30,000	10,000	5,840	39,160
2	28,000	49,000	21,000	7,000	4,088	23,912
3	20,000	34,300	14,700	5,300	3,095	16,905
4	14,000	24,010	10,290	3,710	2,167	11,833
5	10,000	16,807	7,203	2,797	1,633	8,367
6	6,000	11,205	5,602	398	232	5,768
7	6,000	5,603	5,602	398	232	5,768
8	6,900	0	5,603	1,297	758	6,142

　ここで、各期の収入余剰が税引前に 10 ％、そして、税引後に 4.16 ％で再投資されるとすると、税引後の収入余剰の最終価値は、投資奨励金が与えられていない場合よりも $5,000 \times 1.0416^7 ≒ 6,651$ 分増大し、145,144 になる。それにより、約 4.77 ％の利回りが算出される。それゆえ、調達原価の 5 ％相当の投資奨励金が与えられた場合に、経済的租税負担は次のように変化する。

$$\frac{0.1 - 0.0477}{0.1} = 0.523$$

したがって、この例においては、この投資促進措置によって経済的租税負担が 6.1 ％削減されるのである。

2. 投資補助金と経済的租税負担

　たとえば、調達原価あるいは製造原価の 20 ％の投資補助金が与えられた場合、投資の有効利用期間において利益税が課せられない場合にのみ、その投資補助金は原価の 20 ％相当の助成金を意味する。なぜなら、「企業が利益を獲得する場合、実質的な補助金は限界税率の上昇により減少する」からである[15]。

以下においては、調達原価の 20 %の大きさで投資補助金が与えられた場合、その投資利回りにいかなる影響が生じるのかについて、先と同様の条件の例を用いて考察する[16]。その際、投資補助金に関する税制上の処理として成果中立的方法を選択する。この投資の収支は図表 8-3 で表されている通りである。

(図表 8-3) 調達原価の 20％の投資補助金が与えられた投資

年度	税引前の収支	残存簿価	減価償却額	課税所得	税額	税引後の収支
	-100,000	80,000	0	0	0	-100,000
1	60,000	56,000	24,000	16,000	9,344	50,656
2	28,000	39,200	16,800	11,200	6,541	21,459
3	20,000	27,440	11,760	8,240	4,812	15,188
4	14,000	19,208	8,232	5,768	3,369	10,631
5	10,000	13,446	5,762	4,238	2,475	7,525
6	6,000	8,964	4,482	1,518	887	5,113
7	6,000	4,482	4,482	1,518	887	5,113
8	6,900	0	4,482	2,418	1,412	5,488

成果中立的方法においては、投資補助金により 1 年目の収入が増大し、減価償却総額が減少するが、その収入は課税されない。ここでは、各期の収入余剰が税引前に 10 %、そして、税引後に 4.16 %で再投資されるとする。税引後の収入余剰から約 150,784 の最終価値が導き出されるため、税引後の利回りは約 5.27 %になる。したがって、次のような経済的租税負担が算出される。

$$\frac{0.1 - 0.0527}{0.1} = 0.473$$

すなわち、経済的租税負担は、投資促進措置が実施されない場合の 58.4 %から 47.3 %へと引き下げられ、11.1 %削減されるのである。

以上のことから、投資補助金が与えられた場合の約 150,784 と投資促進措置が実施されない場合の最終価値の約 138,493 の差額である約 12,291 が、実際に

投資補助金によりもたらされた助成金を意味する。この現在価値は約 8,871 である。したがって、調達原価の 20％相当の名目的投資補助金は、実質的には調達原価の約 9％に過ぎないのである。その原因として、成果中立的方法において投資補助金による収入が非課税とされ、収入に直接的に租税が課せられないが、減価償却額の減少によりその利益計上額が増大したため、それに相応する経済的租税負担が大きくなったことが考えられる。

3. 特別減価償却と経済的租税負担

特別減価償却による投資利回りへの影響は、「税率が一定である場合、その影響は利子効果に限定される」のである[17]。この影響を明らかにするために、前述の条件のほかに、減価償却を 12,500 の定額（5 年目は残存簿価）で行い、そして、1 年目には即時の損失相殺が適用されると仮定した例を考察する[18]。その際、調達原価の 40％の特別減価償却が認められるとした場合、投資の収支は表 8-4 のようになる。

（図表 8-4）調達原価の 40％の特別減価償却が認められた投資

年度	税引前の収支	残存簿価	減価償却額	課税所得	税額	税引後の収支
	−100,000	100,000	0	0	0	−100,000
1	40,000	47,500	52,500	−12,500	−7,300	47,300
2	28,000	35,000	12,500	15,500	9,052	18,948
3	20,000	22,500	12,500	7,500	4,380	15,620
4	14,000	10,000	12,500	1,500	876	13,124
5	10,000	0	10,000	0	0	10,000
6	6,000	0	0	6,000	3,504	2,496
7	6,000	0	0	6,000	3,504	2,496
8	6,900	0	0	6,900	4,030	2,870

先と同様に、各期の収入余剰は税引前に 10％、そして、税引後に 4.16％で再投資されるとした場合、税引後の収入余剰の最終価値は約 141,192 となる。

それゆえ、約 4.41％の利回りが算出される。この値から次の経済的租税負担が導き出される。

$$\frac{0.1 - 0.0441}{0.1} = 0.559$$

経済的租税負担は55.9％であり、調達原価の40％相当の減価償却は、投資促進措置を実施しない場合と比べて、税引後利回りを0.26％引き上げる。すなわち、経済的租税負担は2.5％削減されるに過ぎない。このことから明らかなように、特別減価償却は流動性の側面では多大な影響を及ぼすかもしれないが、収益性の側面においてはわずかな利子効果に限定されるのである。

4. 直接的な投資促進措置の組み合わせと経済的租税負担

投資奨励金、投資補助金ならびに特別減価償却を個別に実施した場合の投資利回りに関する影響を明らかにした。以下において、それらの組み合わせにより投資利回りにどれだけの影響が生じるのかということを具体例を用いて考察する[19]。先の例と同様に、調達原価に対して投資奨励金が5％、投資補助金が20％そして特別減価償却が40％で適用されると仮定する。また、1年目に即時の損失相殺が認められるとする。投資補助金を成果中立的方法で処理すると、減価償却総額が80,000に減少するため、通常の減価償却を10,000の定額（5年目は残存簿価）で行う場合、1年目の減価償却額は42,000になる。それゆえ、1年目においては、投資奨励金による非課税収入5,000、投資補助金による利益非算入収入20,000ならびに特別減価償却42,000から税制上の損失として2,000が発生する。この損失が即時に相殺されるとするため、66,168の税引後の収入余剰が導き出される。このような投資の収支は図表8-5において示される。

(図表 8-5) 調達原価の 5％の投資奨励金、20％の投資補助金および 40％の特別減価償却が適用された投資

年度	税引前の収支	残存簿価	減価償却額	課税所得	税額	税引後の収支
	−100,000	80,000	0	0	0	−100,000
1	65,000	38,000	42,000	−2,000	−1,168	66,168
2	28,000	28,000	10,000	18,000	10,512	17,488
3	20,000	18,000	10,000	10,000	5,840	14,160
4	14,000	8,000	10,000	4,000	2,336	11,664
5	10,000	0	8,000	2,000	1,168	8,832
6	6,000	0	0	6,000	3,504	2,496
7	6,000	0	0	6,000	3,504	2,496
8	6,900	0	0	6,900	4,030	2,870

この場合、先と同様の条件で再投資されるとすると、税引後の収入余剰の最終価値は約 159,596 となり、約 6.02％の利回りが算出される。それゆえ、経済的租税負担は次のように導き出される。

$$\frac{0.1 - 0.0602}{0.1} = 0.398$$

経済的租税負担は 39.8％へと引き下げられ、18.6％削減されるのである。

これらの例においては、投資促進措置が実施されない場合の経済的租税負担は 58.4％である。3 つの投資促進措置が個別に遂行された場合の経済的租税負担は、調達原価の 5％相当の投資奨励金において 6.1％、同 20％相当の投資補助金において 11.1％、そして、同 40％相当の特別減価償却において 2.5％削減される。さらに、投資奨励金と投資補助金の組み合わせにおいて、収入余剰の最終価値は次のようになる。

6,651 + 150,784 = 157,435

この値から約 5.84％の税引後利回りが導き出される。したがって、経済的租税負担は次のように算出される。

$$\frac{0.1 - 0.0584}{0.1} = 0.416$$

すなわち、経済的租税負担は 41.6％に引き下げられ、16.8％分削減されるのである。

先に述べたように、投資奨励金、投資補助金ならびに特別減価償却を組み合わせた場合、経済的租税負担は 39.8％である。それゆえ、投資奨励金と投資補助金の組み合わせによる投資促進措置と比べて、この組み合わせにさらに特別減価償却を加えても、経済的租税負担は 1.8％削減されるに過ぎないのである。この特別減価償却による影響は、単独で実施した場合の 2.5％の経済的租税負担の減少に対して、それらの組み合わせにおいては 1.8％の減少に削減される。その理由は、特別減価償却による投資利回りへの影響がその利子効果に限定され、また、投資補助金が減価償却総額を減少させることから、それらを組み合わせることによりその利子効果が小さくなるためである。以上のことから、収益性の側面のみを考慮する場合、特別減価償却を廃止し、その代わりに投資奨励金を増大させることが、投資促進措置として効果的であると考えられるであろう。

Ⅳ 税率の引き下げと直接的な投資促進措置の比較

以下において、前述の投資促進措置と税率の引き下げを比較することにより、それらの措置の有効性を明らかにする。そのために、直接的な投資促進措置として先に挙げた措置の中で最も効果的であると見なされた投資奨励金を税率の引き下げと具体例を用いて比較する[20]。前節と同様の条件を用いると、

調達原価の5％相当の投資奨励金が与えられた場合の税引後の投資利回りは4.77％であり、その経済的租税負担は52.3％である。したがって、投資奨励金を廃止した場合に、この4.77％の利回りを維持するためには、収入余剰に対して52.3％の限界税率が課されなければならないのである。このような投資奨励金に相応する税率の引き下げを求めるために、この限界税負担から法人税率を算出する。その際、営業収益税率を19.35％、連帯付加金を7.5％そして法人税率を s ％とした場合、次の等式が成り立つ。

$$19.35 + (100 - 19.35) \times s \times 1.075 = 52.3$$

この式から、38％の法人税率が導き出される。それゆえ、この例においては、調達原価の5％相当の投資奨励金による効果は、約7％の法人税率の引き下げに相当するのである。

　以上のことから、投資性向を高めるためには、直接的な投資促進措置より最高税率の引き下げが効果的であるという主張の普遍性は否定される。しかし、直接的な投資促進措置と税率の引き下げのいずれが効果的であるかということは、それぞれの政策に対して具体的に考察されなければならない。それゆえ、たとえば投資奨励金の廃止が税率をどれだけ引き下げることによって補完されるのかということに関する普遍的な言明は存在せず、それぞれのケースにおいて個別に考察することによって初めて明らかにされるのである。

V　結

　ドイツにおいて、統一後の旧東ドイツ地域促進のためにいくつかの投資促進措置が設けられた。本章では、それらのうち投資奨励金、投資補助金ならびに特別減価償却を取り上げた。それらの措置は直接的な租税優遇ではないが、そ

の効果は税制上の処理にかなり依存するのである。したがって、投資促進措置と税制との関係を考察することにより、それらの措置が企業の投資決定にいかなる影響を及ぼすのかということが明らかにされる。

　ここでは、収益性に関する影響のみを論じたが、投資奨励金は優遇された投資がいかなる状況でもプラスの効果をもたらすのに対して、特別減価償却はその投資において少なくとも減価償却相当の利益が発生する場合にのみ資金調達手段として効果的である。また、投資補助金において2つの税制上の選択権が与えられる。一方では、補助金による収入に課税され、他方では、その収入を非課税とするが、減価償却総額が補助金分削減されるのである。以上のことから、投資奨励金は投資補助金や特別減価償却より効果的な資金調達手段であると考えられる。

　Ⅲ節において、これらの投資促進措置による投資決定への影響を確実性下のモデルを用いて考察したが、それによっても同様の結論が導き出された。さらに、Ⅳ節においては、これらの直接的な投資促進措置と税率の引き下げのいずれが企業にとって効果的であるのかということを明らかにするために、投資奨励金による経済的租税負担への影響と税率の引き下げによるその影響を確実性下のモデルを用いて比較した。それによって投資奨励金と税率の引き下げとの均衡点を導き出したが、いずれの措置が効果的であるのかということに関する普遍的な言明は得られないのである。

　以上のことから、投資促進措置においては、租税が課せられないものが資金調達手段として効果的であると考えられる。その際、税制上の処理における減価償却への影響も考慮されなければならない。それゆえ、投資決定に対する企業課税の影響を取り上げる場合、減価償却とその利子利益による効果が考察されなければならない。すなわち、投資決定において企業課税の影響と減価償却による利子効果との関係を明らかにすることが、経営税務論の重要な課題となるのである。

（ 1 ） 詳細は本書第 4 章を参照。
（ 2 ） 詳細は本書第 7 章を参照。
（ 3 ） Schneider, D. : Betriebswirtschaftslehre, 3. Bd. : Theorie der Unternehmung, München/Wien 1997, S. 644.
（ 4 ） Schneider, D. : a. a. O., S. 627 ff. Ders. : Höhere Unternehmenssteuerbelastung durch Senken der Gewinnsteuersätze!, Betriebs-Berater, 55. Jg. (2000), S. 1322‐1326.
（ 5 ） この主張に対するモデル分析は、たとえば以下の文献を参照。Schneider, D. : Gewinnbesteuerung und Risikobereitschaft : zur Bewährung quantitativer Ansätze in der Entscheidungstheorie, ZfbF, 29. Jg. (1977), S. 633‐666. Ders. : Betriebswirtschaftslehre, 3. Bd., S. 627‐644. 詳細は本書第 9 章を参照。
（ 6 ） Vgl. Investitionszulagengesetz 1999 vom 18. 8. 1997, BGBl. I, S. 2070.
（ 7 ） Vgl. Art. 28 des Einigungsvertrages, BGBl. II, S. 898 f.
（ 8 ） Vgl. § 7a ff. EStG.
（ 9 ） 計画的な減価償却に関しては、§7 EStG を参照。
(10) Schneider, D. : Investition, Finanzierung und Besteuerung, 7. Aufl., Wiesbaden 1992, S. 342‐355. Ders. : Betriebswirtschaftslehre, 3. Bd., S. 646‐653.
(11) 営業収益税は次の式に基づいて算出される。その際、資本会社の被課税額算出指数（Steuermeßzahl）を 5 ％とする（Vgl. Wöhe, G. und Bieg, H. : Grundzüge der betriebswirtschaftlichen Steuerlehre, 4. Aufl., München, S. 80‐82）。
　　　　営業収益税＝賦課率×被課税額算出指数×（所得－営業収益税）
(12) 連帯付加金は、ドイツ統一の資金のために所得税や法人税に対して均一に課せられるものである（Vgl. Wacker, W. H., Seibold, S. und Oblau, M. : Lexikon der Steuern, München 2000, Sp. 295）。
(13) ある期間の収益価値償却は、その期間における期末の収益価値と期首の収益価値との差額、換言すると、その期の収入余剰から（収益価値に計算利子率を乗じた）その期の資本理論的利益を差し引いた差額である。税法上の減価償却の現在価値と収益価値償却の現在価値が等しい場合、課税はその投資に対して中立的である。詳細は本書第 5 章を参照。
(14) Schneider, D. : Investition, Finanzierung und Besteuerung, S. 348 f. Ders. : Betriebswirtschaftslehre, 3. Bd., S. 646‐649.
(15) Schneider, D. : a. a. O., S. 649.
(16) Schneider, D. : Investition, Finanzierung und Besteuerung, S. 345 f. Ders. :

Betriebswirtschaftslehre, 3. Bd., S. 649 f.
(17) Schneider, D. : a. a. O., S. 651.
(18) Schneider, D. : Investition, Finanzierung und Besteuerung, S. 346−348. Ders. : Betriebswirtschaftslehre, 3. Bd., S. 650 f.
(19) Schneider, D. : Investition, Finanzierung und Besteuerung, S. 350 f. Ders. : Betriebswirtschaftslehre, 3. Bd., S. 651−653.
(20) Schneider, D. : Investition, Finanzierung und Besteuerung, S. 351−355. Ders. : Betriebswirtschaftslehre, 3. Bd., S. 646−649.

第9章　投資決定と利益税率

I　序

　租税負担が削減されると、企業は投資を拡大すると一般的に考えられている。それゆえ、不況への対策として減税政策が実施されるのである。減税政策のひとつに税率の引き下げがある。これは、税率の引き下げによって企業者のリスク性向（Risikobereitschaft）、革新選好（Innovationsfreudigkeit）ならびに給付意欲（Leistungswille）が高められ、投資が拡大されるという考えに基づいている[1]。しかしながら、シュナイダー（Dieter Schneider）は、「そのような見解には科学的な根拠がなく、投資決定における企業者のリスク性向、革新選好および給付意欲は企業者の個人的な価値判断に基づいて高められる」と主張している[2]。彼は、税率の引き下げが企業における投資の拡大をひき起こさないことを具体例を用いて説明し、税率の引き下げが安易な減税政策であると批判しているのである[3]。

　本章においては、税率が引き下げられた場合の企業あるいは企業者による投資決定を考察する[4]。その際、投資モデルが資本価値、リスク効用（Risikonutzen）ならびにリスク・プレミアム（Risikoprämie）という3つの基準に基づいて構築される。しかし、企業者が何を基準として意思決定を行うのか、ある

いは、いかなるリスク態度をとるのかということは、企業者の知識と裁量によって決められるのである。このような考え方の根底には企業者職能論がある。そこでは、企業者が自らの知識の優位性を用いることによって3つの企業者職能を行使すると考えられている。この職能は、所得の不確実性を減少させるための制度の構築、裁定利益の追求ならびに革新の遂行を内容とする。このような企業者職能の観点から企業におけるさまざまな問題に取り組むことが、制度の個別経済学の課題である。

　以下においては、自らの知識の優位性に基づいて裁定利益を追求する企業者の立場で、企業課税の問題に取り組む。そして、利益税率（Gewinnsteuersatz）が変更された場合、投資決定にどのような影響が生じるのかということを明らかにしたい。

Ⅱ　給付意欲と利益税率

　前述したように、シュナイダーは、税率の引き下げによって企業者の給付意欲が高まらないと主張しているが、その根拠として次のことを挙げている[5]。

　一般的に、企業者は自らの労働給付を高めるような魅力を税率の引き下げに感じると考えられている。しかしながら、法律が絶対的に適切であるとは言えない。また、政府が社会的公正というあいまいな概念を用いるために、企業者の意思決定における自由が狭められたり、競争が抑制されたりすることがある。そのために、企業者は自らの給付を増大させることによって多くの収入を得ることよりも、投資への給付意欲やリスク性向を低くしようとすることがある。

　また、通常は税率の引き下げによって課税後の所得が増大するため、企業者はその引き下げ前より多くの労働を行うと考えられている。しかし、法的租税負担と経済的租税負担という2つの概念を明確に区分することによって、税率

の引き下げから生じる利益がその引き下げで期待される効果より小さいことは明らかである[6]。

　さらに、営業収益税が課せられるという条件のもとで、所得税率や法人税率が引き下げられた場合、独立した企業者よりも雇用された労働者が優遇される。たとえば、所得税率を50％、営業収益税の賦課率を500％、そして、利益を100と仮定した場合、営業収益税が20になり、所得税は40になる。この仮定のもとで、所得税率が10％引き下げられると（5分の1軽減されると）、租税負担総額は52になり、その負担は約7分の1軽減されている。このことから明らかなように、所得税率や法人税率の引き下げは、独立した企業者よりも雇用された労働者を優遇し、したがって、企業者が所得の不確実性を引き受けることへの誘因にはならないのである。

　最後に、投資において損失が発生した場合、その損失は利益税率に比例して削減されない。それゆえ、利益税率の累進度が緩和されたり、利益税の最高税率が引き下げられたりすることで、リスクの大きい投資がリスクの少ない投資に変更されるのである。

　以上のことから、税率の引き下げによって企業者の給付意欲が高まるという主張に科学的な根拠がないことは明らかであろう。したがって、税率が引き下げられた場合、企業者は容易に投資を拡大するのではなく、これらの結果に配慮した意思決定を行わなければならないのである。

Ⅲ　資本価値と利益税率

　まず、資本価値に基づいて投資決定を判断すると仮定する[7]。そして、課税がその意思決定にどのような影響を及ぼすのかを明らかにするために、実物投資と金融投資の資本価値を比較する[8]。この2つの投資は3期間で運用され、そして、実物投資は初期投資時に3,000の支出を行い、第1期に収入はなく、

第2期と第3期にそれぞれ2,000と1,760の収入を得ると仮定する。金融投資は毎年10％の利子率で運用されるが、ここでは、金融投資の利回りが計算利子率に等しいとする。このような条件のもとで、課税前の金融投資の資本価値は0であり、それに対して、課税前の実物投資の資本価値は次のように算出される。

$$K = -3,000 + \frac{2,000}{(1+0.1)^2} + \frac{1,760}{(1+0.1)^3} \fallingdotseq -25$$

　　K　実物投資の課税前の資本価値

したがって、課税前に（税率が0％である場合に）、実物投資は金融投資より不利であると見なされる。

さらに、減価償却が定額法に従い毎年1,000であると仮定し、また、課税所得（steuerpflichtiges Einkommen）が年度所得から減価償却額を引いた差額であるとする。そして、税率を50％、課税後の計算利子率を5％と仮定する[9]。これらの条件のもとで実物投資の課税後の収支のフロー（Zahlungsstrom）を考察すると、第1期においては収入余剰が0であるため、1,000の税制上の損失（steuerliche Verlust）が生じる。この損失は次期に繰り越されるとする[10]。そして、第2期において、その1,000の損失繰越（Verlustvortrag）と1,000の減価償却額が2,000の収入で相殺されるため、課税所得は0となり、2,000が留保されることになる。第3期において、課税所得は1,760の収入から1,000の減価償却額を控除した760であり、したがって、税額は380になる。以上のことから、課税後の実物投資の資本価値は次のように算出されるのである。

$$K_s = -3,000 + \frac{2,000}{(1+0.05)^2} + \frac{1,380}{(1+0.05)^3} \fallingdotseq 6$$

　　K_s　実物投資の課税後の資本価値

その一方で、金融投資の資本価値は課税後も変化せず、0のままである。

それゆえ、この例においては、課税前に金融投資より不利であった実物投資が、課税後に金融投資より有利になる。すなわち、税率が0％から50％に引き上げられることで、実物投資が金融投資よりも有利になるのである。このような租税パラドックスは、「減価償却と税率の引き下げによる利子利益（Zinsgewinn）が実物投資にもたらされることによって生じる」のである[11]。

さらに、このような租税パラドックスが発生する分岐点となる税率を求める[12]。まず、各期において実物投資の収入余剰から金融投資のそれを差し引いた差額とその差額から生じる利子利益を算出する[13]。税率をsで表すと、第1期において、実物投資の収入余剰から金融投資のそれを差し引いた差額は、$-300(1-s)$ である。この金額が2年間、課税後の利子率で運用されるため、その差額と利子利益の和は、$-300(1-s)[1+0.1(1-s)]^2$ となる。同様に、第2期において、実物投資の収入余剰から金融投資のそれを差し引いた差額は、$2{,}000-300(1-s)$ である。この金額が1年間、課税後の利子率で運用されるため、その差額と利子利益の和は、$[2{,}000-300(1-s)][1+0.1(1-s)]$ となる。さらに、第3期において、実物投資の収入余剰から金融投資のそれを差し引いた差額は、$-3{,}000+1{,}000+(1-s)(760-300)$ となる。したがって、各期における実物投資と金融投資の収入の差額と利子利益の和を合計したものとして、次の式が導き出されるのである[14]。

$$Z = 3s^3 - 99s^2 + 129s - 33$$

 Z　実物投資の最終財産から金融投資のそれを引いた差額

この式から、次のような結論が導かれる[15]。税率が約35％である場合、この2つの投資は中立的である。そして、税率が約35％を上まわる場合、実物投資が金融投資より有利になる。この実物投資の資本価値は、税率が約67％になるまで増大し、約67％の時に最大に達し、それから税率が100％に達するまで減少する。したがって、この例においては、約35％の税率が租税パラドックスが発生する分岐点となるのである。

以上のように、資本価値に基づいて投資決定を判断する場合、税率が上昇した際に金融投資と実物投資の優位性が変わることもある。すなわち、税率の引き下げによって企業の投資を拡大させるという政策が、資本価値に基づく投資決定のモデル結果と相容れない可能性が生じる。したがって、税率が引き下げられた場合、企業者は容易に投資を拡大するのではなく、租税パラドックスという現象を考慮に入れて投資決定を行わなければならないのである。

Ⅳ　リスク効用と利益税率

次に、リスク効用に基づいて投資決定を判断すると仮定する。そして、税率の変更によってその意思決定にどのような影響が生じるのかということを明らかにしたい。そのために、税率の変更によって、最終財産（Endvermögen）に関するリスク効用あるいは利益に関するリスク効用に基づく投資決定にどのような影響が及ぼされるのか、ならびに、最終財産と利益のいずれをリスク効用の基準として選択するかによって、課税の影響がどのように異なるかということを考察する。ここでは、不確定性下の投資モデルを用いる[16]。

リスク効用の期待値に基づいて投資決定を判断した場合、課税の影響は明確には述べられない[17]。しかしながら、このモデルを考察することによって、次のことが明らかにされるのである。将来のあらゆる行動代替案に対して課税の意思決定中立性は維持されなければならないが、実際には維持されていない

第9章 投資決定と利益税率 147

こともある[18]。そのため、企業者は課税の影響を把握してから意思決定を行わなければならない。その際、この意思決定は、利益税率の引き下げが企業者のリスク性向を高めるという一般的な主張と相容れないことがある。このことを具体例を用いて説明する[19]。

企業者はリスクを回避するとし、また、最終財産に関するリスク効用の期待値に基づいて意思決定を行うとする。その際、このリスク効用がベルヌーイ関数 N(V) = ln V に基づいた最終財産 N(V) に従って推移すると仮定する。そして、企業者の初期財産を 100,000、リスクのない投資における課税前の所得を 50,000、リスクのある投資における課税前の所得を悪い結果の場合に 25,000、良い結果の場合に 80,000 とする。この条件に基づくと、課税前にリスクのない投資とリスクのある投資は中立的である。すなわち、次の式が成り立つのである[20]。

ln 150,000 = 0.5 × ln 125,000 + 0.5 × ln 180,000

さらに、累進税率を考慮に入れるとする。この税率は 12,500 の非課税額の後、ある間隔ごとに上昇し、25,000 に対して 20％、50,000 に対して 30％、80,000 に対して $35\frac{5}{32}$％とする。この条件のもとでは、リスクのある投資とリスクのない投資は課税後も中立的であると見なされ、次の等式が成り立つ[21]。

ln [100,000 + (1−0.3) × 50,000]

= 0.5 × ln [100,000 + (1−0.2) × 25,000] + 0.5 × ln $\left[100,000 + \left[1 - \frac{45}{128} \right] \times 80,000 \right]$

この例においては次のような結論が導き出される[22]。リスクのない投資からもたらされる所得への税率が中立税率（Indifferenzsteuersatz）（ここでは、50,000 に対する 30％）より高い場合、あるいは、リスクのある投資からもたら

される所得の少なくとも一方への税率が中立税率（ここでは、25,000 に対する 20％あるいは 80,000 に対する $35\frac{5}{32}$％）より低い場合、その税率はリスクのある投資に有利に作用すると考えられる。すなわち、企業者はリスク性向を高めるのである。また、その逆の場合は、企業者はリスク性向を低くする。

次に、利益税率の引き下げによって利益に関するリスク効用に基づいて投資決定にどのような影響が生じるのかということを明らかにするために、リスクのある投資とリスクのない投資を比較する[23]。その際、リスクのある投資とリスクのない投資は任意に組み合わせられ、また、税制上の利益算出において利益は税率に比例して変化する、すなわち投資中立的であるとする。以上のことは図表9-1のように表される。図表9-1において、縦軸に悪い結果の場合の利益、横軸に良い結果の場合の利益が表されている。また、g 線は一定の相対的リスク回避（gleichbleibende relative Risikoabneigung）を志向する企業者のリスク線（Risikopfad）、s 線は逓減的な相対的リスク回避（sinkende relative Risikoabneigung）を志向する企業者のリスク線、そして、w 線は逓増的な相対的リスク回避（wachsende relative Risikoabneigung）を志向する企業者のリスク線を示すとする。

すべての企業者は課税前に同じ投資計画 P' を選ぶが、課税後にはそれぞれ異なる選択を行う。まず、一定の相対的リスク回避を志向する企業者はリスク線 g に従い、自らにとってリスクのある投資とリスクのない投資の最適比率 P を選択する。その際、P' と P においてリスクのある投資とリスクのない投資の比率が等しいので、この種の企業者だけが課税の前後で同じ投資の組み合わせ（Investitionsmischung）を実施するのである。次に、逓減的な相対的リスク回避を志向する企業者はリスク線 s に従い、この仮定のもとでは点 S を実現する。すなわち、リスクのない投資のみが選択される。したがって、税率が引き上げられた場合、この種の企業者はリスクの少ない投資を行うのである。最後に、逓増的な相対的リスク回避を志向する企業者はリスク線 w に従って点 U を実

現する。それゆえ、この種の企業者は税率の引き上げによってリスクの多い投資を行うことになる。

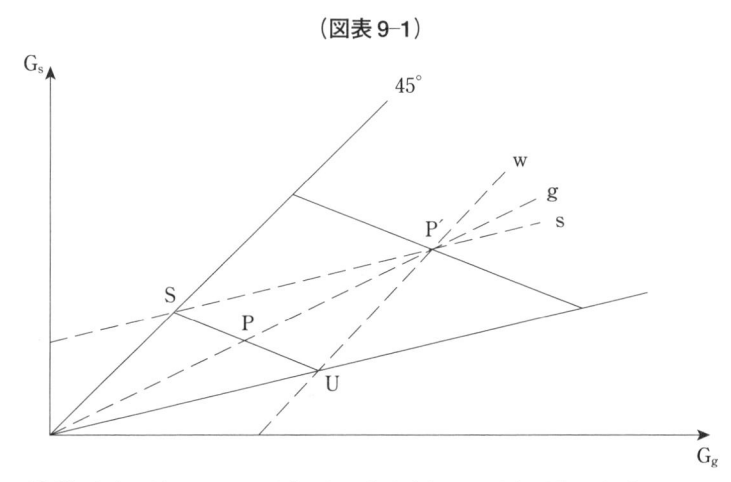

(図表9-1)

(出所：Schneider, D. : Betriebswirtschaftslehre, 3. Bd. : Theorie der Unternehmung, München/Wien 1997, S. 632.)

 さらに、リスク効用の基準として最終財産と利益のいずれを選択するかによって、投資決定に対する課税の影響がいかに異なるのかということを考察する。ここでは、有価証券への投資の例を用いる[24]。企業者は100の初期資本を持ち、課税前にリスクのない投資の利回りが10％であり、リスクのある投資の利回りが良い結果の場合に70％、そして、悪い結果の場合に－30％であるとする。それらの投資における最適な有価証券の組み合わせ(Wertpapiermischung) を求める。また、この企業者が一定の相対的リスク回避を志向すると仮定する。aは総有価証券在高におけるリスクのある投資の比率、sは利益税率を表すとする。このような条件のもとで、リスク効用が利益に依拠する場合、このリスク効用の期待値は次の式から導き出される[25]。

$$\mu(N) = 0.5 \times \ln(1-s)(10+60a) + 0.5 \times \ln(1-s)(10-40a)$$

この式から最適な有価証券の組み合わせにおけるaの値を求めると、次のようになる。

$$\frac{d\mu(N)}{da} = 0 \quad , \quad \frac{d^2\mu(N)}{da^2} < 0 \quad \Rightarrow \quad a = \frac{1}{24}$$

すなわち、リスク効用が利益に依拠する場合、最適な有価証券の組み合わせにおけるリスクのある投資の比率は、常に初期資本の$\frac{1}{24}$である。

その一方で、リスク効用が最終財産に依拠する場合、このリスク効用の期待値は次の式から算出される[26]。

$$\mu(N) = 0.5 \times \ln[100+(1-s)(10+60a)] + 0.5 \times \ln[100+(1-s)(10-40a)]$$

同様に、最適な有価証券の組み合わせにおけるaの値を求めると、次のようになる。

$$\frac{d\mu(N)}{da} = 0 \quad , \quad \frac{d^2\mu(N)}{da^2} < 0 \quad \Rightarrow \quad a = \frac{11-s}{24(1-s)}$$

すなわち、リスク効用が最終財産に依拠するなら、税率が0％である場合、リスクのある投資の比率は約0.4583であり、税率が50％である場合、その比率は0.875になる。そして、税率が約56.52％を上まわる場合、リスクのある投資のみが行われるのである。

したがって、企業者が一定の相対的リスク回避を志向するなら、リスク効用が利益に依拠する場合、その意思決定は税率変更の影響を受けない。それに対

して、リスク効用が最終財産に依拠する場合、税率が引き上げられると、リスクのある投資だけが選択されるようになるまで、企業者のリスク性向は高められるのである。

以上のことから、税率の引き下げによってリスクのある投資が増える、すなわち投資が拡大されるという主張に根拠がないことは明らかであろう。それゆえ、リスク効用に基づいて意思決定を行う場合、企業者は何をリスク効用の基準とするのか、また、どのようなリスク態度をとるのかということを自らの知識と裁量によって決めなければならないのである。

V　リスク・プレミアムと利益税率

最後に、リスク・プレミアムに基づいて投資決定を判断すると仮定する[27]。この意思決定への課税の影響を考察するために、リスクのない投資とリスクのある投資を比較する[28]。その際、これらの投資は課税前に同等に評価され、また、リスクがある投資において2つの結果（悪い結果と良い結果）が等しい確率で発生すると仮定する。このような投資決定に対して、絶対的な関連値（ここでは、確実な投資における所得）、所得減少率（prozentuale Einkommensminderung）ならびに相対的リスク・プレミアム（relative Risikoprämie）を求める[29]。所得減少率は、確実な投資における所得とリスクのある投資における悪い結果の場合の所得の差を、確実な投資における所得で除することによって算出される[30]。それに対して、相対的リスク・プレミアムは、リスクのある投資における良い結果の場合の所得と確実な投資における所得の差を、確実な投資における所得とリスクのある投資における悪い結果の場合の所得の差で除したものである[31]。それゆえ、「所得機会の限界効用が減少する場合、相対的リスク・プレミアムは常に1より大きくなければならない。すなわち、リスク中立的である場合、相対的リスク・プレミアムは1になる」のである[32]。

このような基準値を用いて利益税率の引き下げによるリスク性向への影響を考察する[33]。課税前にリスクのない投資において100の所得、リスクのある投資において等しい確率で80と160の所得が生じるとする。その際、課税標準に対して20の優遇措置が与えられると仮定する。このような条件のもとで税率が50％である場合、所得減少率と相対的リスク・プレミアムはそれぞれ次の値が導き出される[34]。

$$所得減少率 = \frac{60-50}{60} ≒ 16.7\%$$

$$相対的リスク・プレミアム = \frac{90-60}{60-50} = 3$$

この場合を意思決定中立的であるとする。税率が40％に引き下げられた場合、リスクのない投資における課税後の所得は、$100-0.4(100-20)=68$、そして、リスクのある投資における課税後の所得は、$80-0.4(80-20)=56$あるいは$160-0.4(160-20)=104$になる。この場合の所得減少率と相対的リスク・プレミアムは次のようになる[35]。

$$所得減少率 = \frac{68-56}{68} ≒ 17.6\%$$

$$相対的リスク・プレミアム = \frac{104-68}{68-56} = 3$$

この例においては、逓増的な相対的リスク回避や一定の相対的リスク回避を志向する企業者はリスク性向を低下させる。それに対して、逓減的な相対的リスク回避を志向する企業者のみが、自らの投資計画に限定された投資に対してリスク性向を上昇させるのである。すなわち、「課税標準に対する優遇と税率の引き下げが同時に実施される場合、合理的な投資家はリスク性向を低下させ

る」ことは明らかである[36]。なぜなら、それらの措置によってリスクの少ない投資がリスクの大きい投資よりかなり優遇されるからである。

以上のことから、リスク・プレミアムに基づいて投資決定を判断する場合においても、税率の引き下げによって投資が拡大されるというような一般的な主張に根拠がないと考えられる。したがって、企業者は、自らがいかなるリスク態度をとるのかということによって課税標準に対する優遇や税率の引き下げの影響が異なることを認識し、そして、その影響に配慮した投資決定を行わなければならないのである。

Ⅵ 結

一般的には不況対策のひとつとして減税政策が主張されている。この政策の主たるものとして税率の引き下げがあるが、これは税率の引き下げによって企業の投資が拡大されるという考えに基づいている。しかし、シュナイダーが主張するように、そのような見解には何ら科学的な根拠は存在しないのである。このことを実証するために、Ⅱ節においては通常は考慮されていない条件や制度を指摘し、Ⅲ節以降で投資モデルを考察することによって、一般的な見解の正当性を否定した。

これらの考察において明らかにされたように、税率が引き下げられた場合、企業者は容易に投資を拡大するのではなく、その投資に対する課税の影響を把握し、それを踏まえた意思決定を行わなければならないのである。その際、企業者は何を基準として投資決定を行うのか、さらには、どのようなリスク態度をとるのかを決めなければならない。これらを決めるのは企業者自身の知識と裁量である。企業者職能論においては、企業者が自らの知識を用いることで企業者職能を行使するということを前提とする。したがって、投資決定においても、企業者は、自らの知識の優位性を利用することにより、裁定利益の獲得を

試みるのである。それゆえ、企業者は、投資決定において何を基準とするのか、また、どのようなリスク態度をとるのかということを自らの知識に基づいて定めることによって、裁定利益を追求しなければならないであろう。

（1） ここで用いられる企業者の概念はシュナイダーの企業者職能論に基づくものであり、自己責任において所得を獲得する人すべてが企業者と見なされる (Schneider, D. : Betriebswirtschaftslehre, 1. Bd. : Grundlagen, 2. Aufl., München/Wien 1995, S. 30 ff.)。また、企業者の給付意欲とは、企業者が自らの労働力や資金などを提供しようとする意志のことである。
（2） Schneider, D. : Betriebswirtschaftslehre, 3. Bd. : Theorie der Unternehmung, München/Wien 1997, S. 627.
（3） Vgl. Schneider, D. : Gewinnbesteuerung und Risikobereitschaft : zur Bewährung quantitativer Ansätze in der Entscheidungstheorie, ZfbF, 29. Jg. (1977), S. 633-666. Ders. : Investition, Finanzierung und Besteuerung, 7. Aufl., Wiesbaden 1992, S. 665-678. Ders. : Betriebswirtschaftslehre, 3. Bd., S. 627 ff. Ders. : Höhere Unternehmenssteuerbelastung durch Senken der Gewinnsteuersätze!, Betriebs-Berater, 55. Jg. (2000), S. 1322-1326.
（4） ただし、シュナイダーは政府の政策を批判することを目的としているが、ここではそのような批判を意図しない。
（5） Schneider, D. : Betriebswirtschaftslehre, 3. Bd., S. 627 ff. Ders. : Höhere Unternehmenssteuerbelastung durch Senken der Gewinnsteuersätze!, S. 1322-1326.
（6） 法的租税負担は、法律で定められた課税標準に対する租税支払いを意味し、名目的租税負担（nominale Steuerbelastung）とも称される。それに対して、経済的租税負担は、経営経済的に定められる課税標準に対する租税支払い、すなわち法的租税負担に課税標準における租税優遇（たとえば、減価償却の方法）や補助金による軽減もしくは追加負担を加えたものである。経済的租税負担は実質税負担（effektive Steuerbelastung）とも、また、それから導き出される税率は実効税率とも称される。Vgl. Schneider, D. : Investition, Finanzierung und Besteuerung, S. 181. 田近栄治・油井雄二『日本の企業課税―中立性の視点による分析―』東洋経済新報社、2000年、59-121ページ。
（7） 投資決定の資本価値に対する課税の影響については、以下の文献も参照。

Schneeloch, D. : Besteuerung und betriebliche Steuerpolitik, 2. Bd. : Betriebliche Steuerpolitik, München 1994, S. 148-155. Wöhe, G. und Bieg, H. : Grundzüge der betriebswirtschaftlichen Steuerlehre, 4. Aufl., München 1995, S. 362-376. Wöhe, G. : Einführung in die allgemeine Betriebswirtschaftslehre, 19. Aufl., München 1996, S. 770-774. Schult, E. : Betriebswirtschaftliche Steuerlehre : Einführung, 3. Aufl., München/Wien 1998, S. 307-311. Kußmaul, H. : Betriebswirtschaftliche Steuerlehre, 2. Aufl., München 2000, S. 154-166. 田淵　進『投資決定論による利益課税の考察』広島修道大学総合研究所、1983年、5-30ページ。田渕　進『西ドイツ経営税務論』森山書店、93-114ページ。同「投資理論における課税中立性」赤石雅弘・小嶋　博・濱村　章編著『コーポレート・ファイナンス論の最前線』中央経済社、1995年、27-42ページ。
(8)　Schneider, D. : a. a. O., S. 246-248. 本書第4章と同様に、ここでの金融投資は、確実な投資（たとえば、国債の購入）として機会原価的な意味を有する。
(9)　本書第6章で取り上げたように、一般的に課税後の計算利子率は次の式から求められる。

$i_s = i \cdot (1-s)$　（i　課税前の計算利子率、i_s　課税後の計算利子率、s　税率）

この計算に関しては、たとえば以下の文献も参照。Wöhe, G. und Bieg, H. : a. a. O., S. 360 f. Wöhe, G. : a. a. O., S. 771 f. Kußmaul, H. : a. a. O., S. 153 f.
(10)　損失繰越は、§10d EStG において規定されている。
(11)　Schneider, D. : a. a. O., S. 248.
(12)　Schneider, D. : a. a. O., S. 247-250.
(13)　この場合、金融投資の収入余剰は実物投資の機会原価を意味しているため、その差額は実物投資における収入余剰の増分を表す。
(14)　Schneider, D. : a. a. O., S. 249.
(15)　Schneider, D. : a. a. O., S. 249.
(16)　ここで用いるモデルは、次のことを前提とする（Vgl. Schneider, D. : Betriebswirtschaftslehre, 3. Bd., S. 629）。第1に、計画時点においてその投資のすべての収支のフローが明らかである。すなわち、事後の予期せぬ出来事が排除される。第2に、あらゆる将来の状況に対して数量的な確率が明らかであり、その合計は1である。第3に、1期間のモデルにおいてリスクのない投資あるいはリスクのある投資が選択される。その際、リスクのある投資において、2つの結果（悪い結果と良い結果）が等しい確率で予期される。第4に、税率の引き下げによる法的租税負担と経済的租税負担への影響が等しい。
(17)　第1に、企業者が他のリスク効用関数に従うことも考えられるからである。

第2に、租税支払いは第三者によって調査できるように確定されねばならず、そのため、リスク効用に基づいて徴収されないからである (Vgl. Schneider, D. : a. a. O., S. 629 f.)。
(18)　租税影響論においては、目標要因値課税が意思決定中立的であると主張される (Vgl. Schneider, D. : a. a. O., S. 599)。
(19)　Schneider, D. : Investition, Finanzierung und Besteuerung, S. 667 f. Ders. : Betriebswirtschaftslehre, 3. Bd., S. 630 f.
(20)　Schneider, D. : Investition, Finanzierung und Besteuerung, S. 667. Ders. : Betriebswirtschaftslehre, 3. Bd., S. 630.
(21)　Schneider, D. : Investition, Finanzierung und Besteuerung, S. 667. Ders. : Betriebswirtschaftslehre, 3. Bd., S. 630 f.
(22)　Schneider, D. : Investition, Finanzierung und Besteuerung, S. 668. Ders. : Betriebswirtschaftslehre, 3. Bd., S. 631.
(23)　Schneider, D. : a. a. O., S. 631-633.
(24)　Schneider, D. : Gewinnbesteuerung und Risikobereitschaft, S. 633-666 hier S. 659. Ders. : Betriebswirtschaftslehre, 3. Bd., S. 633-635.
(25)　Schneider, D. : Gewinnbesteuerung und Risikobereitschaft, S. 660. Ders. : Betriebswirtschaftslehre, 3. Bd., S. 634.
(26)　Schneider, D. : Gewinnbesteuerung und Risikobereitschaft, S. 660. Ders. : Betriebswirtschaftslehre, 3. Bd., S. 634.
(27)　一般的にリスク回避的であると考えられている投資家は、確実な投資から期待される報酬率より高い報酬率を、危険の大きい投資に対して要求する。投資家が危険投資に対して要求するこの差額報酬率をリスク・プレミアムと呼ぶ (森　昭夫「リスク・プレミアム」神戸大学大学院経営学研究室編『経営学大辞典』第2版、中央経済社、1999年、935ページ)。
(28)　Schneider, D. : Gewinnbesteuerung und Risikobereitschaft, S. 633-666. Ders. : Betriebswirtschaftslehre, 3. Bd., S. 635 ff. 田渕　進、前掲書、163-184ページ。
(29)　所得減少率は損失危険 (Verlustgefahr) に対する尺度であり、相対的リスク・プレミアムは損失危険の引き受けの際の報酬に対する尺度である (Schneider, D. : Betriebswirtschaftslehre, 3. Bd., S. 635)。また、相対的リスク・プレミアムは、投資プログラムに直接関連して客観的に計算されるプログラム関連的な (programmbezogen) 相対的リスク・プレミアムと、投資家自身が主観的に計算した主観的な (persönlich) 相対的リスク・プレミアムに区分される (Schneider, D. : Gewinnbesteuerung und Risikobereitschaft, S. 636. 田渕　進、前掲書、170ペ

ージ)。ここでは、プログラム関連的な相対的リスク・プレミアムを取り上げる。

(30) たとえば、確実な投資における所得を 50,000、リスクのある投資における悪い結果の場合の所得を 40,000 とした場合、所得減少率は以下のように導かれる (Schneider, D. : Betriebswirtschaftslehre, 3. Bd., S. 635)。

$$\frac{50,000-40,000}{50,000} = 20\%$$

(31) たとえば、確実な投資における所得を 50,000、リスクのある投資における良い結果の場合の所得を 70,000、そして、悪い結果の場合の所得を 40,000 とすると、相対的リスク・プレミアムは以下のように導かれる (Schneider, D. : a. a. O., S. 636)。

$$\frac{70,000-50,000}{50,000-40,000} = 2$$

(32) Schneider, D. : Gewinnbesteuerung und Risikobereitschaft, S. 640. Ders. : Betriebswirtschaftslehre, 3. Bd., S. 636.
(33) Schneider, D. : Gewinnbesteuerung und Risikobereitschaft, S. 635 – 643. Ders. : Betriebswirtschaftslehre, 3. Bd., S. 637 f.
(34) Schneider, D. : a. a. O., S. 637.
(35) Schneider, D. : a. a. O., S. 637 f.
(36) Schneider, D. : a. a. O., S. 638. このことに関しては、Schneider, D. : Gewinnbesteuerung und Risikobereitschaft, S. 640 – 643 も参照。

第10章　リースと企業課税

I　序

　平成20年にリース会計処理方法が変更された際、リースに関する多くの議論が見られた。そのほとんどが会計処理の変更によりリースにおける税制上のメリットが喪失されるという内容を含んでいた。本章においては、このような見解に関連させて、リースを税制の側面から取り上げる。すなわち、リース会計処理方法の変更によりリースにおける税制上のメリットが喪失されるという主張が正しいか否かということを、企業者職能論に基づいて検討する。

　リースに関する問題をなぜ企業者職能論の観点から考察するのかということに対して、次の理由が挙げられる。平成20年のリース会計処理方法変更に関する議論における中心的な問題は、通常の所有権移転外ファイナンス・リースが従来の賃貸借ではなく売買取引と見なされるようになり、それに応じて税務上の処理も変更されることである。このことによって、賃借人であるユーザーにおけるリース資産の償却方法が賃貸借方式からリース期間定額法に変更され、従来の減価償却方法における税制上のメリットがなくなると主張されている。このような考え方が上述の結論へと向かうのである。

　それに対して、企業者職能論においては、自らの知識の優位性を用いていか

に裁定利益を獲得するのかということが論じられる。この観点から企業課税の問題を取り上げると、課税を考慮した場合にいかなる代替案が有利であるのか、そして、いかに租税負担が削減されるのかという2つの課題が考察されるのである。その場合にキー概念となるのが租税パラドックスである。租税パラドックスは、租税を考慮する前後で意思決定代替案の優先順位が変わる現象であり、投資決定においては減価償却の影響により発生する。

以上のことから、リース会計処理方法の変更に関する議論と企業者職能論の観点からの企業課税の考察は、減価償却に関するひとつの問題へと結びつけられるのである。したがって、本章においては、リース会計処理方法の変更による減価償却の問題を企業者職能論の観点から取り上げたい。

Ⅱ リースの制度的考察

1. リースの定義とその種類

まず、リースの制度的概要を説明する。このことによって、リースのメリットとデメリット、とりわけ税制面でのメリットについて明らかにしたい。

リースは、「リース会社が、企業などが選択した機械設備等を購入し、その企業に対してその物件を比較的長期にわたり賃貸する取引」と定義される[1]。代表的なものにファイナンス・リースとオペレーティング・リースがある[2]。ファイナンス・リースは、リース期間の中途で契約を解除することができない中途解約禁止事項、ならびに、賃借人であるユーザーは賃貸人であるリース会社がその取引に投資した金額と同等額をリース期間中に支払うフル・ペイアウト事項を要件とする。このことから、ファイナンス・リースは金融的側面を有する賃貸借取引であると考えられるのである。このようなファイナンス・リース以外のリースが、オペレーティング・リースと称される。これは、一定の解約禁止期間を定め、それ以降は予告して解約できたり、リース物件の残存価値

を控除してリース料が設定されたりする点などにおいて、より賃貸借に近い契約である。また、メンテナンス・リースの一形態である自動車リースのように、そのほかにもさまざまな形態のリース契約が存在するが、これらは先の2つのリースの派生的な形態である。しかしながら、リースについて考察する場合、その多くがファイナンス・リースを対象としていることから、本章においてもファイナンス・リースに限定したい。

　日本のリース会計において、原則的にリースは賃貸借処理が為されていた。しかし、租税回避だけを目的として実質的には売買や融資と差異がないリース形態を阻止するために、「売買取引として取り扱うリース取引」や「金融取引として取り扱うリース取引」として処理されなければならないケースが存在する[3]。これらは通常の所有権移転外リース取引と認められないのである。

　「売買取引として取り扱うリース取引」として次のものがある。譲渡条件付リースは、リース期間の終了時または中途においてリース資産を無償または名目的な金額でユーザーに譲渡する形態である。割安購入権選択権付リースでは、リース期間の終了時または中途においてリース資産を著しく有利な価額で買い取る権利がユーザーに与えられる。専属使用の資産・識別困難な資産のリースは、リース資産の種類、用途、設置の状況に照らし、使用可能期間中に当該ユーザーのみによって使用されると見込まれるリース資産または識別が困難であると認められるリース資産を対象とする。さらに、リース期間が耐用年数の70%（耐用年数が10年以上の場合は60%）以上120%以下の範囲外のリースも、これに当てはまる。

　それに対して、「金融取引として取り扱うリース取引」の代表的なものとして、企業などが取得または所有している機械設備等をリース会社に売却し、リース会社がその機械設備等をそのユーザーである企業にリースするセールス・アンド・リースバック取引がある。これは、リース税制において「資産の種類、売買および賃貸（リース）に至るまでの事情その他の状況に照らして、こ

れら一連の取引が実質的に金銭の貸借と認められるときは、当該売買はなかったものとし、かつ、リース会社からユーザーに対する金銭の貸付があったものとして取り扱う」と規定されている[4]。

これらは形式上はリース契約の形態をとるが、その目的は租税回避などに限定され、実質的に売買や金融取引と相違がないため、賃貸借処理が認められないのである。それゆえ、これらは平成20年度の会計基準原則の改正によって直接的な影響を被らないと考えられるため、以下においてこれらの取引を言及せず、通常の所有権移転外ファイナンス・リースに考察の対象を限定する。

2. リース料の設定

標準的なリース料は基本額、資本調達コスト、固定資産税、保険料ならびに手数料の合計で構成される[5]。基本額は、賃貸人であるリース会社がリース物件を購入した価額である。次に、資金調達コストは、リース会社がリース物件を購入するために金融機関から資金を借り入れる際の利息である。一般的にリース会社の資金調達コストが賃借人であるユーザーの資金調達コストより小さいため、この資金調達コストの差もリースにおけるメリットのひとつに挙げられる。さらに、固定資産税はリース会社が納税するため、リース料に加算される。また、リース物件が滅失あるいは毀損した際にリース会社に責任はなく、ユーザーに修理義務が生じるため、通常はユーザーの損失を軽減するようにリース物件に動産総合保険が掛けられ、そして、これもリース料に加算されるのである。後述するように、これらの4つの項目が客観的に評価され、そして、算出される金額であるのに対して、最後の手数料はリース会社の主観にも依拠する。したがって、リース料をいかに設定するかということは、リース会社の手数料をいかに設定するのかということに大きく影響されるであろう。すなわち、リースに関するモデルの考察において、さまざまな条件を変更した場合でもリース料を一定とする仮定は非現実的であると考えられる。

3. リースにおける賃借人（ユーザー）のメリットとデメリット

　以上のようにリースについての概要が説明されるが、そのようなファイナンス・リースのメリットとデメリットを賃借人であるユーザーの立場から考察する。一般的に、リースのユーザーにおけるメリットおよびデメリットとして、次のことが主張される[6]。

（メリット）
　①購入ではないので、初期投資支出がなく、1度に多額の資金を必要としないこと。
　②リース料を損金計上できるので、リース料を経費処理できること。
　③税金や保険料の計算、場合によってはメンテナンスなどの事務の省力化を図れること。
　④陳腐化に対応できること。ただし、ファイナンス・リースは原則としてフル・ペイアウトであるため、違約金を支払うか、あるいは、あらかじめ契約において陳腐化の際の取り替えなどを決めておくことでそれに対応する。
　⑤ユーザーは税金や減価償却に対応する必要はなく、リース料のみがコストとなるため、コストの把握が容易であること。
　⑥専門的な知識を有するリース会社が手続き等を行うため、資産の取得や維持管理が容易であること。
　⑦これまでのリース資産は貸借対照表への記載義務がなかったため、ROAなどを低く抑えたり、従来のリース料支払いを隠れた負債として隠蔽したりすることができたこと。ただし、従来から貸借対照表への注記義務は課せられていた。

（デメリット）
　①中途解約ができないこと。
　②リース料が一定であるため、将来の環境変化に即座に対応できない可能

性があること。
③リース料にはリース会社の利益も含まれるため、設備の購入と比較して割高であること。
④購入ではないので減価償却を行わないため、特別償却が適用されないこと。
⑤リース資産に対する保守・修繕義務がユーザーに課せられているため、リース会社からの保証は得られないこと。ただし、一般的にはあらかじめ動産総合保険に加入することにより、この問題に対応している。
⑥リース期間はリース資産の耐用年数の70％（耐用年数が10年以上の場合は60％）以上120％以下に定められ、その期間が長すぎること。
⑦所有による満足が得られないこと。

このように、ユーザーのメリットとデメリットが挙げられるが、本章に関連するものは、メリットの②ならびにデメリットの③と④である。なぜなら、ここではリースにおける税制上のメリットに焦点を当てるため、リースに関する収益面でのメリットおよびデメリットに問題が限定されるからである。

アンダーソン（Paul F. Anderson）とマーティン（John D. Martin）による実証調査において、リースを選択する根拠がアンケートによる回答での優先度順に挙げられている[7]。

①リースは、コストの100％を控除できる。
②リースは、所有権やコントロールを希薄化することなく、長期資金を提供できる。
③リースは、運転資本を他の目的に利用できる。
④リースは、中古設備処分に関連する問題を取り除くことができる。
⑤リースは、負債による調達に適していない資産の調達を可能にする。
⑥リースは、陳腐化リスクを回避する。
⑦リースの税引後コストは、自己資本調達の税引後コストより小さい。

⑧賃貸人は、投資税信用の節約分をリース料に転嫁できる。

⑨リース料の租税控除は、減価償却や利子による控除分よりも大きく、かつ、即時のキャッシュ・フローをもたらすことができる。

⑩リースは、正味の信用限度額を減少させない。

ここでの①⑦⑧⑨が、リースにおける収益性メリットを表す。とりわけ、①⑧⑨が租税関連的なメリットである。しかしながら、このアンケートによると、そのような収益性以外の側面もユーザーにとって重要な要因であることが明らかである。すなわち、資金調達の側面なども重要な要因であり、場合によっては、負債による資金調達の必要がないことなどの要因の方がユーザーに及ぼす影響がより大きいと考えられる。ただし、それらの要因は個別の企業における主観的な評価にも依拠しており、リースと購入を比較するモデルにおいては客観的なメリットに注視する傾向があるため、租税に関するメリットのみが考慮に入れられるのである。このことが現実とモデルとの間に差を生み出すこととなる。

4. リース会計基準の原則の変更と減価償却

リース会計基準の原則の変更により、通常の所有権移転外ファイナンス・リースは、これまで賃貸借処理が行われてきたが、平成20年4月1日以降に締結する契約においては売買取引と見なされ、税務上の処理が行われるようになった。従来は実務的に簡便であり、税制が賃貸借処理のみを認めるという理由から、日本のリース会計においては、リース会計基準で例外とされてきた賃貸借処理が実務上の標準とされてきた[8]。しかし、国際会計基準の要請により日本の会計基準でさまざまな改正が行われているのに伴い、リース会計基準の原則においても従来の賃貸借基準を認めない方針に変更され、それに準拠して税制も改正されたのである。

この改正のポイントは、所有権移転外ファイナンス・リース取引が売買取引

と見なされ、リース会計基準の原則に基づいて貸借対照表にリース資産の科目として計上されるようになることである[9]。それに応じてユーザーが減価償却する必要が生じるが、これはリース期間定額法で行われる[10]。

$$当該事業年度の償却限度額 = \frac{リース資産の取得価額}{リース期間の月数} \times 当事業年度の月数$$

その際、「取得価額がリース料総額であり、そのリース料支払いを月々定額にしている場合は、この減価償却限度額は月々のリース料に一致し、従来の費用計上額(損金計上額)に一致するため、何ら影響は生じない」のである[11]。

また、リース契約を売買取引と見なし、リース資産を固定資産として計上することに伴い、リース税額控除は廃止され、固定資産に関する税額控除に統合されるようになる。それに対応して特別償却の可能性が生じるが、「今後どのような過程で行われるかは明らかではなく、リース資産に対する税額控除は通常の固定資産と同様には認められない可能性が高い」と主張されている[12]。このような減価償却に関連して、税制改正において資産の100％が減価償却を認められるようになったことがリースに及ぼす影響は大きいと考えられる。

Ⅲ　リースと購入の経済性比較

リースの経済性比較として、設備のリースと借入購入を比較する。ここでは、リースのメリットとして、リースの場合はリース料総額が損金算入できるが、借入購入の場合は支払利息、固定資産税、保険料ならびに減価償却費の合計額が損金に算入されるため、リースの方が税金を削減できる効果を有していることが挙げられる。以下においては、このことによるリースのメリットを具体例を用いて説明する[13]。

前提条件およびキャッシュ・フローの変化に関する仮定は、図表10-1に示

第10章　リースと企業課税　167

(図表10-1) リースと借入購入の経済性比較

(単位：千円)

年	リース a リース料	b 税金軽減分 a× 46.36%	c 純資金流出額 a−b	d 現在価値換算額	借入購入 e 借入金残高	f 借入金返済額	g 支払利息 3%	h 固定資産税 14/1000	i 保険料 3/1000	j 各年資金流出額 f+g+h+i	k 減価償却額	l 税金軽減分 (g+h+i+k) ×46.36%	m 純資金流出額 j−l	n 現在価値換算額	o リース利用による留保資金 m−c	p 留保資金の累計	q 運用益 p×3%
1	2,454	1,138	1,316	1,278	10,000	2,000	270	140	30	2,440	2,500	1,363	1,077	1,046	−239	−239	−7.2
2	2,454	1,138	1,316	1,241	8,000	2,000	210	105	23	2,338	1,875	1,026	1,312	1,236	−4	−244	−7.3
3	2,454	1,138	1,316	1,204	6,000	2,000	150	79	17	2,246	1,406	766	1,480	1,354	164	−80	−2.4
4	2,454	1,138	1,316	1,169	4,000	2,000	90	59	13	2,162	1,055	564	1,598	1,420	282	202	6.1
5	2,454	1,138	1,316	1,135	2,000	2,000	30	44	9	2,084	791	406	1,678	1,448	362	564	16.9
計	12,269	5,688	6,581	6,028		10,000	750	427	92	11,269	(2,373)	4,124 (除却損)	7,145	6,504	564		6.1

＊前提条件

(リース)
物件価格　　1,000万円
リース期間　5年 (耐用年数8年、定率法の償却率0.25)
リース料総額　1,226.9万円
調達コスト　3%
税金　　　　46.36% (法人税、法人事業税)
固定資産税　14/1000 (期初の物件の簿価に対して、年)
保険料　　　3/1000 (期初の物件の簿価に対して、年)
販売費・利益　2% (物件価格に対して、年)

(借入購入)
返済方法　　元本均等5年返済
支払利息　　3%
その他の条件　リースと同じ

(出所：森住祐治『リース取引の実際』第3版、日本経済新聞社、2000年、39ページ。)

されている通りである。この例においては、支出額はリースにおいて658万1千円であるのに対して、借入購入では714万5千円となる。さらに、それらを3％の割引率で現在価値に換算すると、リースにおいては602万8千円であるのに対して、借入購入では650万4千円となる。この結果から、この例においては、当該資産取得の際に購入よりリースを用いた方が支出額を低く抑えることができるのである。その要因は、減価償却費ではなくリース料総額を損金算入することによる税金の削減である。しかし、ここで手数料を2％と定めた根拠は明らかにされておらず、リースが有利になった理由は損金処理方法の相違にある。それゆえ、それに関連して賃借人であるユーザーにメリットがもたらされるということは、それに相応するデメリットを賃貸人であるリース会社が被ることになるはずである。しかしながら、ここではユーザーの立場のみを考慮し、手数料を一定としており、このことに問題があると考えられる。

ただし、リース税額控除や投資促進税制などのリースにおけるユーザーのメリットは、リース会社のデメリットからもたらされるものではなく、行政からの恩恵であると見なされる。まず、リース税額控除とは、「リース契約により設備を賃借した青色申告法人が、一定のリースにつき、リース料の総額の60％にそれぞれの規定に定める控除率（7％～15％）を乗じて算出した額を、当該青色申告法人の法人税額から控除できる制度」である[14]。この制度はリース会計基準の原則の改正により廃止され、このことはリースと購入の比較に影響を及ぼすであろう。次に、中小企業者などの設備投資促進等を目的として、特定の企業が対象となる機械設備を導入した場合に、その企業に税額控除や特別償却などの税制上の恩典を認める制度がある。現在は、リースのユーザーを対象とする投資促進税制として、中小企業投資促進税制、中小企業等基盤強化税制ならびにIT投資促進税制などにより、その対象期間に行われた投資に対して税額控除が認められている[15]。これらはリースにおける直接的なメリットと見なされ、前述のリース税額控除と同様に、リースを選択する場合の

重要な要因となるのである。

さらに、リースの有効性を示す一般的なモデルとして、リース対購入に関するシャル（Lawrence D. Schall）のモデルを取り上げる[16]。従来の研究においても、リースと購入の比較に関して多くのモデルが構築された。それらの中には小さな相違が見られるが、考え方の方向性に大きな違いがないと考えられる。リースに関するモデルにおいては、資金調達の側面のみを考察するケースや投資の側面のみを考察するケースもあるが、ここでは、資金調達と投資の両方の側面に関連する問題としてリース対購入モデルが分析される。なぜなら、リースは一義的な目的が資産の取得であるため投資の問題であるが、それを購入するのかあるいはリースで調達するのかについては資金調達の問題でもあるので、両方の要素を含んだモデルを考慮する必要があると主張されているからである[17]。しかし、彼においても流動性リスクに関しては考慮に入れないと仮定され、純粋に収益性の側面だけが取り上げられている。

このモデルにおいて、リース資産の正味現在価値をNPV、そして、その資

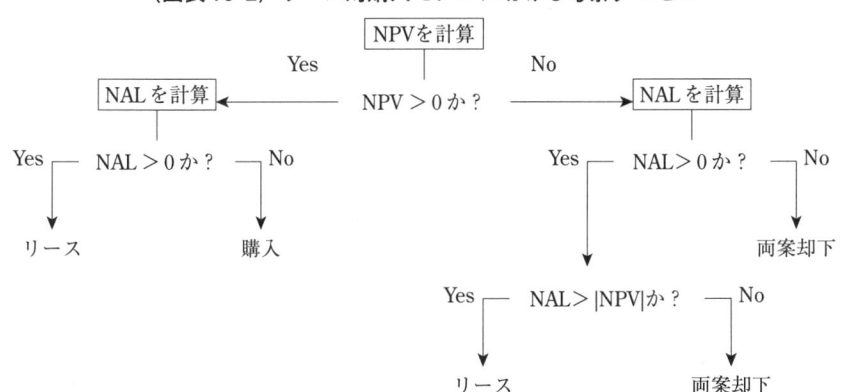

（図表10-2）リース対購入モデルにおける考察プロセス

```
                    ┌─ NPVを計算 ─┐
           Yes      │             │      No
    ┌─ NALを計算 ←──  NPV＞0か？ ──→ NALを計算 ─┐
    │                                          │
Yes─┴─NAL＞0か？─No              Yes─NAL＞0か？─No
  │           │                   │           │
  ↓           ↓                   ↓           ↓
 リース      購入                              両案却下
                                  Yes─NAL＞|NPV|か？─No
                                   │              │
                                   ↓              ↓
                                  リース        両案却下
```

（出所：Martin, J. D. : Leasing, in : Altman, E. I. (ed.) : Handbook of Corporate Finance, John Wiley & Sons 1986, Chapter 11, p. 11・16.）

170　第Ⅲ部　経営税務論と企業者職能

産の購入に対するリースのメリット（net present value advantage of lease over purchasing）を NAL で表すとした場合、この考察のプロセスは図表10-2で示されるようになる[18]。

図表10-2に基づくと、まずプロジェクトの正味現在価値が算出される。一般的なリース対購入モデルにおいては、この正味現在価値がプラスであることが前提とされ、資産の取得自体が否定されることはない。しかし、投資問題として取り上げる場合、このことも考慮に入れなければならない。その際、この値は次の式から導かれる[19]。

$$NPV = \sum_{t=1}^{n} \frac{ACF_t}{(1+K)^t} - A_0 \qquad (10-1)$$

　　NPV　プロジェクトの正味現在価値
　　ACF_t　プロジェクトのt期の税引後期待キャッシュ・フロー
　　K　　プロジェクトに対する最低要求利回り（＝加重平均資本コスト）
　　A_0　　資産購入の際の初期投資支出
　　n　　資産の耐用年数

次に、その正味現在価値がプラスであるかマイナスであるかに関係なく、購入に対するリースのメリット（NAL）が導き出される。それは次の式から算出される[20]。

$$NAL = \sum_{t=1}^{n} \frac{O_t(1-s) - R_t(1-s) - sI_t - s\Delta I_t - sD_t}{(1+r)^t} - \frac{V_n}{(1+K)^n} + A_0 \qquad (10-2)$$

　　O_t　資産購入の場合のt期の営業費用
　　R_t　t期のリース料
　　I_t　資産購入における負債の利子費用

ΔI_t　逸失負債限度額（lost debt capacity）に対する利子
D_t　t 期の減価償却費
V_n　計画期間末における資産の税引後回収価値
s　　税率
r　　負債の利子率
K　　V_n に対する割引率（＝税引後資本コスト）

　当該資産を取得する企業は、リースを利用する場合、購入の際に負担した営業費用を足し戻すことになる一方で、リース料を支払わなければならない。さらに、リース料が課税標準から控除されるが、購入における減価償却費や利子に対して税控除が認められない。また、リースは、効果として 100％のレバレッジド・ファイナンスを有するため、負債と自己資本の組み合わせによる購入よりも企業における負債可能限度額を多く使い果たすことになる[21]。それゆえ、購入の際に必要な資金に対して負債で調達した金額を差し引いた残額を逸失負債限度額（lost debt capacity）と見なし、リースの場合にその金額が税控除されないため、$\Delta I_t \times s$ の金額が購入に対するデメリットとして算出されるのである。ただし、先のモデルにおいては 100％の借入を仮定したため、この金額を考慮する必要はない。以上のことは、（10-2）式右辺の第 1 項において示されている。また、リースの場合、計画期間末に資産が返却されるため、購入の際に獲得されるであろう資産の売却額が差し引かれねばならない。このことは、（10-2）式右辺の第 2 項で示される。その際、第 1 項におけるリース料の支払いは、比較的確実性をもって行われると考えられるため、低い割引率（ここでは負債の利子率）で割り引かれる。それに対して、第 2 項における資産売却価値は、不確実性の大きいキャッシュ・フローと見なされるため、高い割引率（ここでは、税引後の資本コスト）を用いて割引計算が為されるのである[22]。最後に、リースの場合は初期投資支出がないため、（10-2）式右辺の第 3 項に

おいてその金額が加算される。それら (10-2) 式右辺の合計が購入に対するリースのメリットとなるのである。

　NPV がプラスであるなら、NAL > 0 である場合にリースが選択され、NAL < 0 である場合に購入が選択される。NPV がマイナスであるなら、NAL > 0 かつ NAL > |NPV| である場合、購入の際の負の NPV の大きさがリースのメリットによって相殺されるため、リースが採用される。しかし、NAL < |NPV| である場合は、リースも購入も不採用になるのである。

　先のリースと借入購入の経済性比較とこのモデルとの相違は、後者は投資による正味現在価値も考慮し、また、計画期間末の資産の売却価値も含め、さらに毎期のキャッシュ・フローと資産の売却価値に対する割引率が異なることにも配慮している点にある。そして、逸失負債限度額への利子の影響もモデルに含んでいるが、これに関してはリースと借入購入の経済性比較が全額借入を想定しているため、両モデルの結果において相違はない。以上のことから、シャルのモデルの方が綿密に構築されているが、リースと購入を比較するモデルの考え方自体に大きな差異は見られないのである。

　また、これらのモデルにおいては、リース会計基準の原則および税制の変更により、賃借人であるユーザーにおける損金がリース料ではなく減価償却や利子などの合計になることで、減価償却による従来の税制上のメリットが喪失されると考えられる。それゆえ、これらのモデルにおいては会計基準の原則の変更によりリースに対する税制上のメリットはなくなるという結論が導かれるであろう。

Ⅳ　リースに対する税制の影響——企業者職能論に基づく考察——

　このようにリース対購入モデルを考察することで、リースにおける税制上のメリットが肯定され、さらにリース会計基準の原則の変更によりそのメリット

がなくなると考えられる。以下においては、このような見解について企業者職能論の観点から批判的に論じたい。

　まず、リースに関する問題をなぜ企業者職能論に基づいて考察するのかということを、すなわち、それらの関連について明らかにする。経営税務論において投資決定の問題を取り上げた場合、企業の意思決定に対する課税の影響を考察することがそこでの課題となる。その際にキー概念となるのが租税パラドックスである。これは課税を考慮する前後で投資案の優先順位が変わるという現象であり、投資決定においてなぜ租税パラドックスが発生するのかということを究明することが経営税務論の第1の課題である。この現象は減価償却によってひき起こされ、減価償却による租税控除分に利子を乗じた金額がその発生要因となるのである。そして、この租税パラドックスと現行あるいは将来の税制との関連を考察することが、経営税務論の第2の課題である。このことは、とりわけ投資促進措置との関連において取り上げられるのである。以上のように、租税パラドックスが投資決定を租税の側面から論ずる際のキー概念であり、それは減価償却が原因であると考えられる。それゆえ、リースの問題を減価償却との関連で考察する場合、両者に密接な関連があることは明らかである。

　その一方で、企業者職能論においては、企業者が自らの知識の優位性を用いて利益を獲得すると考えられる。それゆえ、企業課税の問題を企業者職能論の観点から取り上げた場合、課税を考慮した際にいかなる代替案が有利であるのか、そして、いかにして租税負担が削減されるのかという2つの課題が挙げられる。その際、前述の投資決定と企業課税との関連で説明したように、これらの課題は租税パラドックスの観点から論じられなければならない。すなわち、裁定利益を獲得するための2つのプロセスが考察されるのである。第1のプロセスは、所与の条件のもとで行動代替案に対する経済的租税負担を算出することである。そして、第2のプロセスは、市場パートナーとの形成機会の中で最

小の経済的租税負担をもたらす制度を構築することである。リースに関する考察はこの第2の課題に該当しており、それゆえ、リースは租税回避のためのひとつの制度と見なされるのである。

以上のことから、リースと企業者職能論が関連のあるテーマであることは明らかであり、ここではその企業者職能論の観点からリースを分析する。企業者職能論において、企業は裁定利益を獲得するために活動すると考えられるが、それは他者に対する知識の優位性を用いることで獲得されると主張される。リース契約においても税制に関する知識の優位性が利用されるが、この場合の対象は市場パートナー、すなわち契約相手である賃貸人としてのリース会社ではなく、税法立法機関に対する優位性である[23]。すなわち、税法立法機関に対する知識の優位性を用いて市場パートナーと共同でリース契約という制度を構築することにより、裁定利益が獲得されるのである。したがって、リースにおける租税上の有利性に関しては、「賃借人であるユーザーと賃貸人であるリース会社の双方の租税が考慮されなければならず、すなわち、ユーザーとリース会社における税額の合計が資産を購入した場合より小さいときに、リースにおいて租税に関する有利性が発生する」のである[24]。

その際、租税支払い時期の相違による利子効果が重要な影響要因となる。確かにユーザーが何を損金に算入するかということにより、換言すると、減価償却をユーザーが行うのかあるいはリース会社が行うのかということにより、ユーザーがそのリース資産からもたらされる正味現在価値、すなわちユーザーにおけるリースのメリットは変化する。ただし、このモデルにおいては、その他の条件が一定であると仮定されているのである。しかし、ユーザーが減価償却を行わないこと、つまりリース料を損金に算入することによってもたらされるメリットはそれと同等のデメリットをリース会社が被るため、実際にはそのことがリース料に反映されるはずである。

また、企業者職能論の観点において重要になるのは税法立法機関に対する知

識の優位性であり、ユーザーとリース会社の間の知識差ではない。それゆえ、ユーザーはリース会社と共同で税制上のメリットを伴うリース契約を形成する必要がある。たとえば、投資促進措置による税制メリットを得るようなリース契約、あるいは、ユーザーとリース会社との間で効果的に減価償却が行われるようなリース契約が創出されねばならないのである。以上のことから、ここで取り上げたリース会計基準の原則改正によって、ユーザーがリース料ではなく減価償却を損金処理することから生じる影響は、それほど大きくないと考えられる。それよりも、リース税額控除の廃止などの要因が及ぼす影響が重要となるであろう。

Ⅴ　結

　本章においては、リースの問題を税制の側面に限定することで、リース会計基準の原則の変更による影響を企業者職能論の観点から論じた。それに基づくと、リースによるメリットは単にリース料を損金算入するのか、あるいは、減価償却費を損金算入するのかによる影響ではないと考えられる。なぜなら、リース契約においては、賃借人であるユーザーと賃貸人であるリース会社のいずれか一方の知識の不備による裁定利益が追求されるのではなく、その双方のメリットとなる契約の形成が求められるからである。したがって、通常の所有権移転外ファイナンス・リースが賃借人において売買取引として処理されるように変更されることによる影響は、リース料を損金計上せずにリース資産を減価償却することから生じるのではない。その影響は、たとえばリース税額控除の廃止や投資促進措置による税制上の恩恵の喪失などの減価償却に付随するものに限定されるであろう。しかしながら、リースのメリットはこのような収益性以外の要因、たとえば初期投資支出が不要であることや負債の必要がないことなどによる影響が大きく、実際にはそれらの要因がリース契約において重要な

影響を及ぼすことにも注意する必要がある。

(1)　森住祐治『リース取引の実際』第 3 版、日本経済新聞社、2000 年、12 ページ。
(2)　森住祐治、前掲書、13 - 19 ページ。
(3)　森住祐治、前掲書、116 - 135 ページ。久能幹史「リース取引に関する税制改正」『企業会計』第 59 巻第 7 号、2007 年、54 - 59 ページ、ここでは 55、56 ページ。
(4)　森住祐治、前掲書、131 ページ。久能幹史、前掲稿、55 ページ。
(5)　森住祐治、前掲書、63 - 66 ページ。
(6)　森住祐治、前掲書、27 - 34 ページ。
(7)　Martin, J. D. : Leasing, in : Altman, E. I. (ed.) : Handbook of Corporate Finance, John Wiley & Sons 1986, Chapter 11, pp. 11·9 - 11·12.
(8)　森住祐治、前掲書、184 - 189 ページ。久能幹史、前掲稿、59 ページ。
(9)　森住祐治、前掲書、184 - 189 ページ。久能幹史、前掲稿、54 - 58 ページ。
(10)　従来、リース会社が採用していたリース期間定額法による減価償却は、税法において認められていなかったため、税法上は税法定率法あるいは税法定額法により償却を行い、これを調整する必要があった（森住祐治、前掲書、168 - 171 ページ）。
(11)　久能幹史、前掲稿、57 ページ。
(12)　久能幹史、前掲稿、58 ページ。
(13)　森住祐治、前掲書、38 - 40 ページ。さらに、一般的には、リース会社の方が一般企業よりも借入金利や保険料を低く抑えることができ、このこともリースの経済的メリットに含まれる。
(14)　渡辺裕泰『ファイナンス課税』有斐閣、2006 年、145 ページ。
(15)　森住祐治、前掲書、52 - 56 ページ。
(16)　Schall, L. D. : The Lease-or-Buy and Asset Acquisition Decisions, Journal of Finance, Vol. 29 (1974), pp. 1203 - 1214. Martin, J. D. : op. cit., pp. 11·15 - 11·22.
(17)　Schall, L. D. : op. cit., p. 1208. Martin, J. D. : op. cit., p. 11·15.
(18)　Martin, J. D. : op. cit., p. 11·16.
(19)　Martin, J. D. : op. cit., p. 11·18.
(20)　Martin, J. D. : op. cit., p. 11·23.

(21) Schall, L. D. : op. cit., p. 1207. Martin, J. D. : op. cit., p. 11・19.
(22) Schall, L. D. : op. cit., pp. 1207 - 1209. Martin, J. D. : op. cit., pp. 11・17 - 11・19.
(23) Schneider, D. : Betriebswirtschaftslehre, 3. Bd. : Theorie der Unternehmung, München/Wien 1997, S. 644 ff. Ders. : Steuerlast und Steuerwirkung, München/Wien 2002, S. 216.
(24) Schneider, D. : Investition, Finanzierung und Besteuerung, 7. Aufl., Wiesbaden 1992, S. 695.

初　出　一　覧

　本書は、これまでに発表した論文などに基づいている。もちろん、一書にまとめるに際しては、大幅に加筆・修正がほどこされている。各章と論文の関係は以下のとおりである。

第1章　「企業者職能と財務経済的思考」『関西学院商学研究』第45号、1999年9月。
　　　　「企業者職能論と企業課税」『商学論究』（関西学院大学）第49巻第1号、2001年6月。
　　　　「シュナイダー企業者職能論」経営学史学会年報第9輯『IT革命と経営理論』文眞堂、2002年5月。
第2章　「新制度派経済学と企業者職能論」『神戸学院大学経営学論集』第5巻第2号、2009年3月。
第3章　「経営税務論の課題と方法」『神戸学院大学経営学論集』第1巻第1号、2004年9月。
第4章　「財務的意思決定と企業課税」『関西学院商学研究』第46号、2000年3月。
　　　　「企業課税の経営経済学的考察」『年報 財務管理研究』第12号、2001年3月。
第5章　「企業課税と投資中立性」『関西学院商学研究』第51号、2002年9月。
　　　　「投資政策と企業課税―減価償却と課税による影響をめぐって―」『年報 財務管理研究』第14号、2003年3月。
第6章　「計算利子率と収益税―標準モデルとの関連において―」『神戸学院大学経営学論集』第2巻第1号、2005年9月。
第7章　「企業者職能論と企業課税」『商学論究』（関西学院大学）第49巻第1号、2001年6月。
第8章　「投資促進措置と企業課税」『神戸学院大学経営学論集』第3巻第1号、2006年9月。
第9章　「投資意思決定と利益税率」『商学論究』（関西学院大学）第48巻第2号、2000年12月。
第10章　「リースと企業課税―企業者職能論との関連において―」『神戸学院大学経営学論集』第4巻第1号、2007年9月。

参 考 文 献

（欧　文）

Albach, H. : Steuersystem und unternehmerische Investitionspolitik, Wiesbaden 1970.

Albach, H. : Ungewißheit und Unsicherheit, in : Grochola, E. und Wittmann, W. (Hrsg.): Handwörterbuch der Betriebswirtschaft, 4. Aufl., Stuttgart 1976, Sp. 4036 - 4041.

Albach, H. : Beiträge zur Unternehmensplanung, Wiesbaden 1979.（H. アルバッハ著、栗山盛彦訳『現代企業計画論』千倉書房、1984 年。）

Alchian, A. A. and Demsetz, H. : Production, Information Costs, and Economic Organization, American Economic Review, Vol. 62 (1972), pp. 777 - 795.

Ang, J. and Peterson P. P. : The Leasing Puzzle, The Journal of Finance, Vol. 39 (1984), pp. 1055 - 1065.

Aufermann, E. : Grundzüge betriebswirtschaftlicher Steuerlehre, 3. Aufl., Wiesbaden 1959.

Barzel, Y. : Economic Analysis of Property Rights, Cambridge University Press 1989.（ヨーラム・バーゼル著、丹沢安治訳『財産権・所有権の経済分析―プロパティー・ライツへの新制度派的アプローチ―』白桃書房、2003 年。）

Bierman Jr., H. : Buy Versus Lease With An Alternative Minimum Tax, Financial Management, Vol. 17 (1988), No. 4, pp. 87 - 91.

Boadway, R. and Bruce, N. : A General Proposition on the Design of a Neutral Business Tax, Journal of Public Economics , Vol. 24 (1984), pp. 231 - 239.

Brown, E. C. : Business-Income Taxation and Investment Incentives, in : Metzler, L. A., Domar, E. D., Duesenberry, J. S. et al. : Income, Employment and Public Policy, Essays in Honor of Alvin H. Hansen, W. W. Norton & Company 1948, pp. 300 - 316.（小原敬士訳「榮業収益税と投資誘因」永田　清・都留重人監修訳『A・H・ハンセン記念論文集　所得・雇傭及び公共政策』下巻、有斐閣、1952 年、98 - 117 ページ。）

Busse von Colbe, W. und Laßmann, G. : Betriebswirtschaftstheorie, 1. Bd. : Grundlagen, Produktions- und Kostentheorie, Berlin/Heidelberg/New York 1975.（ヴァルター・ブッセ・フォン・コルベ、ゲルト・ラスマン著、内藤三郎監訳、藤本弘人・今井一孝・佐藤康男訳『経営経済理論』第 1 巻、法政大学出版局、1979 年。）

Cantillon, R. : Essai sur la Nature du Commerce en Général, edited with an English

Translation and other material by Henry Higgs, C. B., Macmillan 1931.（戸田正雄訳『カンティヨン商業論』日本評論社、1943 年。）
Coase, R. H. : The Firm, the Market and the Law, The University of Chicago Press 1988.（ロナルド H. コース著、宮沢健一・後藤 晃・藤垣芳文訳『企業・市場・法』東洋経済新報社、1992 年。）
Decker, O. A. : Schütt-aus-hol-zurück-Politik bei mehreren Anteilseignern, Der Betrieb, 45. Jg.（1992), S. 1001 - 1005.
Demsetz, H. : Ownership, Control, and the Firm : The Organization of Economic Activity, Vol. I , Basil Blackwell 1988.
Dirrigl, H. und Schaum, W. : Ausschüttungsplanung nach der Steuerreform 1990, ZfB, 59. Jg.（1989), S. 291 - 309.
Dziadkowski, D. : Die Entwicklung der Betriebswirtschaftlichen Steuerlehre von einer "Steuerbetriebslehre" zu einer unternehmenstheoretisch orientierten Steuerwissenschaft, Der Betrieb, 36. Jg.（1983), S. 2045 - 2050.
Erichsen, M. und May, E. : Betriebswirtschaftliche Steuerlehre als Wissenschaft, Der Betrieb, 21. Jg.（1968), S. 317 - 321.
Erlei, M., Leschke, M. und Sauerland, D. : Neue Institutionenökonomik, 2. Aufl., Stuttgart 2007.
Federmann, R. : Beziehungen zwischen betrieblichen Steuern（I）, Der Betrieb, 33. Jg.（1980), S. 1653 - 1658.
Federmann, R. : Beziehungen zwischen betrieblichen Steuern（II）, Der Betrieb, 33. Jg.（1980), S. 1707 - 1710.
Findeisen, F. : Eine Privatwirtschaftslehre der Steuern, ZfHH, 12. Jg.（1919/1920), S. 163 f.
Findeisen, F.（Hrsg.）: Unternehmung und Steuern（Steuerbetriebslehre), Stuttgart 1923.
Fischer, L. : Unternehmung und Steuern : Festschrift zur Vollendung des 80. Lebensjahres von Peter Scherpf, Wiesbaden 1983.
Franks, J. R. and Hodges, S. D. : Lease Valuation When Taxable Earnings Are a Scarce Resource, The Journal of Finance, Vol. 42（1987), pp. 987 - 1005.
Furubotn, E. G. and Pejovich, S. : Property Rights and Economic Theory : A Survey of Recent Literature, Journal of Economic Literature, Vol. 10（1972), pp. 1137 - 1162.
Göbel, E. : Neue Institutionenökonomik : Konzeption und betriebswirtschaftliche Anwendungen, Stuttgart 2002.

Großmann, H. : Studien und Gedanken über Wirtschaft und Wissenschaft, ZfB, 8. Jg. (1931), S. 793-815 und 893-919.

Gutenberg, E. : Grundlagen der Betriebswirtschaftslehre, Bd. 1 : Die Produktion, 24. Aufl., Berlin u.a. 1983. (エーリッヒ・グーテンベルク著、溝口一雄・高田 馨訳『経営経済学原理』第1巻生産論、千倉書房、1957年。)

Haberstock, L. und Breithecker, V. : Einführung in die Betriebswirtschaftliche Steuerlehre — mit Fallbeispielen, Übungsaufgaben und Lösungen, 11. Aufl., Hamburg 2000.

Hasenack, W. : Entwicklungsprobleme und Fragestellungen der betriebswirtschaftlichen Steuerlehre (steuerlichen Betriebswirtschaftslehre), BFuP, 5. Jg. (1953), S. 266-292.

Heaton, H. : Corporate Taxation and Leasing, Journal of Financial and Quantitative Analysis, Vol. 21 (1986), pp. 351-359.

Hébert, R. F. and Link, A. N. : The Entrepreneur, Mainstream Views and Radical Critiques, Praeger Publishers 1982. (R. F. ヘバート・A. N. リンク著、池本正純・宮本光晴訳『企業者論の系譜—18世紀から現代まで—』ホルト・サウンダース・ジャパン、1984年。)

Herzig, N. : Steuern — Betriebswirtschaftliche Steuerlehre : von der Verrechnungslehre zur ökonomischen Analyse der Besteuerung, in : Gaugler, E. und Köhler, R. (Hrsg.) : Entwicklungen der Betriebswirtschaftslehre, 100 Jahre Fachdisziplin — Zugleich eine Verlagsgeschichte, Stuttgart 2002, S. 461-473.

Horsch, A., Meinhövel, H. und Paul, S. (Hrsg.) : Institutionenökonomie und Betriebswirtschaftslehre, München 2005.

Jensen, M. C. and Meckling, W. H. : Theory of the Firm : Managerial Behavior, Agency Costs and Ownership Structure, Journal of Financial Economics, Vol. 3 (1976), pp. 305-360.

Kahle, H. : Der kapitaltheoretische Gewinn als entscheidungsneutrale Steuerbemessungsgrundlage, WiSt, 24. Jg. (1995), S. 214-218.

Kirzner, I. M. : Competition and Entrepreneurship, The University of Chicago Press 1973.

Kleineidam, H.-J. : Zur Weiterentwicklung der betriebswirtschaftlichen Steuerlehre, ZfB, 40. Jg. (1970), S. 105-118.

Krahnen, J. P. : Sunk Costs und Unternehmensfinanzierung, Wiesbaden 1991.

Krelle, W. : Präferenz- und Entscheidungstheorie, Tübingen 1968.

Kruschwitz, L. : Der Einfluß von Steuern auf Leasingraten, DStR, 30. Jg. (1992), S. 82 - 89.

Kruschwitz, L. und Löffler, A. : Bemerkungen über Kapitalkosten vor und nach Steuern, ZfB, 74. Jg. (2004), S. 1175 - 1190.

Kruse, H. W. : Not und Feuer, Krieg und Steuer : ein Beitrag über die Entwicklung von Steuern, StuW, 75. Jg. (1998), S. 3 - 14.

Kupsch, P., Achtert, F. und Göckeritz, B. : Unternehmungsbesteuerung, München 1997.

Kußmaul, H. : Gesellschafterfinanzierung in mittelständischen GmbH (Teil I), DStR, 28. Jg. (1990), S. 654 - 659.

Kußmaul, H. : Die Betriebswirtschaftliche Steuerlehre als steuerliche Betriebswirtschaftslehre ?, StuW, 72. Jg. (1995), S. 3 - 14.

Kußmaul, H. : Betriebswirtschaftliche Steuerlehre, 2. Aufl., München 2000.

Leuthier, R. : Zur Berücksichtigung der Besteuerung bei der Unternehmensbewertung, BFuP, 40. Jg. (1988), S. 505 - 521.

Linn, D. W. : Erfolgsermittlung mit Hilfe der ökonomischen Gewinnkonzeption, Der Betrieb, 27. Jg. (1974), S. 197 - 201.

Marshall, A. : Principles of Economics, 9. ed., Macmillan 1961.

Martin, J. D. : Leasing, in : Altman, E. I. (ed.) : Handbook of Corporate Finance, John Wiley & Sons 1986, Chapter 11.

Mayer, H., Haiß, U. und Block, W. : Die Schütt-aus-Hol-zurück-Politik unter dem Einfluß der Steuerreformen, Der Betrieb, 48. Jg. (1995), S. 281 - 285.

Mellwig, W. : Investition und Besteuerung : Ein Lehrbuch zum Einfluß der Steuern auf die Investitionsentscheidung, Wiesbaden 1985.

Menger, C. : Principles of Economics, translated by James Dingwall and Bert F. Hoselitz, with an introduction by F. A. Hayek, Libertarian Press 1994.（安井琢磨・八木紀一郎訳『メンガー国民経済学原理』日本経済評論社、1999年。）

Mertens, P. : Ertragsteuerwirkungen auf die Investitionsfinanzierung — ihre Berücksichtigung in der Investitionsrechnung, ZfhF, N. F., 14. Jg. (1962), S. 570 - 588.

Mises, L. v. : Human Action : A Treatise on Economics, 4th. rev. ed., Fox & Wilkes 1996.

Neus, W. : Einführung in die Betriebswirtschaftslehre aus institutionenökonomischer Sicht, 5. Aufl., Tübingen 2007.

Olfert, K. und Rahn, H.-J. : Lexikon der Betriebswirtschaftslehre, 4. Aufl., Leipzig 2001.

Paul, S. und Horsch, A. : Evolutorische Ökonomik und Lehre von den Unternehmer-

funktionen, in : Horsch, A., Meinhövel, H. und Paul, S. (Hrsg.) : Institutionenökonomie und Betriebswirtschaftslehre, München 2005, S. 137-156.
Picot, A. : Transaktionskostenansatz in der Organisationstheorie : Stand der Diskussion und Aussagewert, DBW, 42. Jg. (1982), S. 267-284.
Picot, A. : Transaktionskosten im Handel : Zur Notwendigkeit einer Flexiblen Strukturentwicklung in der Distribution, Betriebs-Berater, Beilage 13 (1986), S. 2-16.
Pohmer, D. : Grundlagen der betriebswirtschaftlichen Steuerlehre, Berlin 1958.
Richter, H. : Schütt-aus-Hol-zurück-Politik ab 1994 — Kurze Anmerkung zu dem Beitrag von Zielke, BB 1994, S. 2177, Betriebs-Berater, 49. Jg. (1994), S. 2398-2411.
Richter, R. und Furubotn E. G. : Neue Institutionenökonomik : Eine Einführung und kritische Würdigung, 3. Aufl., Tübingen 2003.
Riedel, A. F. : Nationalöconomie oder Volkswirthschaft, 1. Bd., Berlin 1838.
Riedel, A. F. : Nationalöconomie oder Volkswirthschaft, 2. Bd., Berlin 1839.
Rose, G. : Betriebswirtschaftliche Steuerlehre, 3. Aufl., Wiesbaden 1992.
Runge, B., Bremser, H. und Zöller, G. : Leasing : betriebswirtschaftliche-, handels- und steuerrechtliche Grundlagen, Heidelberg 1978.
Schall, L. D. : The Lease-or-Buy and Asset Acquisition Decisions, The Journal of Finance, Vol. 29 (1974), pp. 1203-1214.
Scherpf, P. : Zur Entwicklung der betriebswirtschaftlichen Steuerlehre (Versuch eines einheitlichen Systems), Neue Betriebswirtschaft, 12. Jg. (1959), S. 61-65.
Schneeloch, D. : Besteuerung und betriebliche Steuerpolitik, 2. Bd. : Betriebliche Steuerpolitik, München 1994.
Schneider, D. : Theorie und Praxis der Unternehmensbesteuerung, ZfbF, 19. Jg. (1967), S. 206-230.
Schneider, D. : Korrekturen zum Einfluß der Besteuerung auf die Investition, ZfbF, 21. Jg. (1969), S. 297-325.
Schneider, D. : Gewinnbesteuerung und Risikobereitschaft : zur Bewährung quantitativer Ansätze in der Entscheidungstheorie, ZfbF, 29. Jg. (1977), S. 633-666.
Schneider, D. : Meßbarkeitsstufen subjektiver Wahrscheinlichkeiten als Erscheinungsformen der Ungewißheit, ZfbF, 31. Jg. (1979), S. 89-122.
Schneider, D. : Geschichte betriebswirtschaftlicher Theorie, München/Wien 1981.
Schneider, D. : Betriebswirtschaftliche Steuerlehre als Steuerplanungslehre oder als

ökonomische Analyse des Steuerrechts ?, in : Fischer, L. (Hrsg.) : Unternehmung und Steuer, Festschrift zur Vollendung des 80. Lebensjahres von Peter Scherpf, Wiesbaden 1983, S. 27-37.

Schneider, D. : Allgemeine Betriebswirtschaftslehre, 2. Aufl., München/Wien 1985.

Schneider, D. : Die Messung der Unternehmenssteuerbelastung : Methoden und Ergebnisse, Betriebs-Berater, 45. Jg. (1990), S. 534-539.

Schneider, D. : Unternehmensethik und Gewinnprinzip in der Betriebswirtschaftslehre, ZfbF, 42. Jg. (1990), S. 869-891.

Schneider, D. : Meßkonzepte zur Steuerbelastung von Unternehmen, WiSt, 19. Jg. (1990), S. 497-502.

Schneider, D. : Unternehmerfunktionen oder Transaktionskostenökonomie als Grundlage für die Erklärung von Institutionen ?, ZfB, 61. Jg. (1991), S. 371-377.

Schneider, D. : Investition, Finanzierung und Besteuerung, 7. Aufl., Wiesbaden 1992.

Schneider, D. : Maß und Ausmaß der Steuervergünstigungen, Der Betrieb, 45. Jg. (1992), S. 1737-1742.

Schneider, D. : Grundzüge der Unternehmensbesteuerung, 6. Aufl., Wiesbaden 1994.

Schneider, D. : Informations- und Entscheidungstheorie, München/Wien 1995.

Schneider, D. : Betriebswirtschaftslehre, 1. Bd. : Grundlagen, 2. Aufl., München/Wien 1995. (D. シュナイダー著、深山　明訳『企業者職能論』森山書店、2008 年。)

Schneider, D. : Betriebswirtschaftslehre, 2. Bd. : Rechnungswesen, 2. Aufl., München/Wien 1997.

Schneider, D. : Betriebswirtschaftslehre, 3. Bd. : Theorie der Unternehmung, München/Wien 1997.

Schneider, D. : Höhere Unternehmenssteuerbelastung durch Senken der Gewinnsteuersätze!, Betriebs-Berater, 55. Jg. (2000), S. 1322-1326.

Schneider, D. : Betriebswirtschaftslehre, 4. Bd. : Geschichte und Methoden der Wirtschaftswissenschaft, München/Wien 2001.

Schneider, D. : Steuerlast und Steuerwirkung, München/Wien 2002.

Schneider, E. : Kritisches und Positives zur Theorie der Investition, Weltwirtschaftliches Archiv, 98. Bd. (1967), S. 314-348.

Schult, E. : Allgemeine Betriebswirtschaftslehre : Eine Einführung, Freiburg im Breisgau 1980.

Schult, E. : Der Ertragsteuereinfluß auf die Verkaufs- bzw. Kaufentscheidung bei unrentablen Betrieben, StuW, 61. Jg. (1984), S. 141-147.

Schult, E. : Schütt-aus-hol-zurück-Politik bei mehreren Anteilseignern — Erwiderung zu dem Beitrag von Decker in DB 1992 S. 1001 —, Der Betrieb, 45. Jg. (1992), S. 2456 -2458.

Schult, E. : Betriebswirtschaftliche Steuerlehre : Einführung, 3. Aufl., München/Wien 1998.

Schult, E. und Rochter, H. : Zur Berechnung der Grenzsteuersätze von Einkommen-, Kirchen- und Gewerbeertragsteuer nach der Steuerreform 1990, Betriebs-Berater, 45. Jg. (1990), S. 609-612.

Schumpeter, J. : Theorie der wirtschaftlichen Entwicklung : Eine Untersuchung über Unternehmergewinn, Kapital, Kredit, Zins und den Konjunkturzyklus, 2. Aufl., München/Leipzig 1926. (塩野谷祐一・中山伊知郎・東畑精一訳『経済発展の理論——企業者利潤・資本・信用・利子および景気の回転に関する一研究——（上）』岩波書店、1977年。同訳『経済発展の理論——企業者利潤・資本・信用・利子および景気の回転に関する一研究——（下）』岩波書店、1977年。)

Siegel, T. : Besteuerung und Kapitalstruktur, BFuP, 36. Jg. (1984), S. 223-242.

Sigloch, J. : Abschreibungsfreiheit und Zinsbesteuerung, in : Schneider, D. (Hrsg.) : Kapitalmarkt und Finanzierung, Berlin 1987, S. 169-186.

Smith Jr., W. and Wakeman, L. M. : Determinants of Corporate Leasing Policy, The Journal of Finance, Vol. 40 (1985), pp. 895-908.

Spence, A. M. : Market Signaling : Informational Transfer in Hiring and Related Screening Processes, Harvard University Press 1974.

Spremann, K. : Agent and Principal, in : Bamberg, G. and Spremann, K. (ed.) : Agency Theory, Information, and Incentives, Berlin 1987, pp. 3-37.

Spremann, K. : Reputation, Garantie, Information, ZfB, 58. Jg. (1988), S. 613-629.

Spremann, K. : Asymmetrisch Information, ZfB, 60. Jg. (1990), S. 561-586.

Strobel, W. : Der Einfluß der Gewinnsteuer auf Investitionsentscheidungen, ZfB, 40. Jg. (1970), S. 375-398.

Swarz, H. : Zur Berücksichtigung erfolgssteuerlicher Gesichtspunkte bei Investitionsentscheidungen (Zweiter Teil), BFuP, 14. Jg. (1962), S. 199-211.

Swoboda, P. : Der Einfluß der steuerlichen Abschreibungspolitik auf betriebliche Investitionsentscheidungen, ZfbF, 16. Jg. (1964), S. 414-429.

Swoboda, P. : Die Wirkungen von steuerlichen Abschreibungen auf den Kapitalwert von Investitionsprojekten bei unterschiedlichen Finanzierungsformen, ZfbF, 22. Jg. (1970), S. 77-86.

Tipke, K. : Steuerlegislative unter Verfassungsdruck, StuW, 70. Jg. (1993), S. 8-19.
Vaughn, K. I. : Austrian economics in America : the migration of a tradition, Cambridge University Press 1994. (カレン I. ヴォーン著、渡部 茂・中島正人訳『オーストリア経済学―アメリカにおけるその発展―』学文社、2000年。)
Wacker, W. H., Seibold, S. und Oblau, M. : Lexikon der Steuern, München 2000.
Wagner, F. W. : Perspektiven der Steuerberatung : Steuerrechtspflege oder Planung der Steuervermeidung ?, Der Betrieb, 44. Jg. (1991), S. 1-7.
Wagner, F. W. : Neutralität und Gleichmäßigkeit als ökonomische und rechtliche Kriterien steuerlicher Normpolitik, StuW, 69. Jg. (1992), S. 2-13.
Wagner, F. W. und Dirrigl, H. : Die Steuerplanung der Unternehmung, Stuttgart/New York 1980.
Wegmann, W. : Der ökonomische Gewinn, Der Betrieb, 24. Jg. (1971), S. 733-737.
Wenger, E. : Gleichmäßigkeit der Besteuerung von Arbeits- und Vermögenseinkünften, Finanzarchiv, 41. Jg. (1983), S. 207-252.
Williamson, O. E. : Markets and Hierarchies : Analysis and Antitrust Implications, Free Press 1975.
Williamson, O. E. : Transaction-Cost Economics : The Governance of Contractual Relations, Journal of Law and Economics, Vol. 22 (1979), pp. 233-261.
Williamson, O. E. : The Economic Institutions of Capitalism : Firms, Markets, Relational Contracting, Free Press 1985.
Williamson, O. E. : Economic Organisation : firms, markets, and policy control, New York University Press 1986. (O. E. ウィリアムソン著、井上 薫・仲田善啓監訳『エコノミック・オーガニゼーション―取引コストパラダイムの展開―』晃洋書房、1989年。)
Williamson, O. E. : The Evolving Science of Organization, Journal of Institutional and Theoretical Economics, Vol. 149 (1993), pp. 36-63.
Williamson, O. E. : The Mechanisms of Governance, Oxford University Press 1996.
Wöhe, G. : Betriebswirtschaftliche Steuerlehre I / 1 : Die Steuern des Unternehmens ― Das Besteuerungsverfahren, 6. Aufl., München 1988.
Wöhe, G. : Betriebswirtschaftliche Steuerlehre I / 2 : Der Einfluß der Besteuerung auf das Rechnungswesen des Betriebes, 7. Aufl., München 1992.
Wöhe, G. : Betriebswirtschaftliche Steuerlehre II / 1 : Der Einfluß der Besteuerung auf die Wahl und den Wechsel der Rechtsform des Betriebes, 5. Aufl., München 1990.
Wöhe, G. : Betriebswirtschaftliche Steuerlehre II / 2 : Der Einfluß der Besteuerung auf

Unternehmenszusammenschlüsse und Standortwahl im nationalen und internationalen Bereich, 4. Aufl., München 1996.

Wöhe, G. : Einführung in die allgemeine Betriebswirtschaftslehre, 19. Aufl., München 1996.

Wöhe, G. und Bieg, H. : Grundzüge der betriebswirtschaftlichen Steuerlehre, 4. Aufl., München 1995.

（和　文）

D. シュナイダー著、森　昭夫訳「企業者職能による経営経済学の新構築」『會計』第134巻第2号、1988年、119-136ページ。

E. ハイネン著、溝口一雄監訳、谷　武幸・中　善弘訳『経営経済学入門』千倉書房、1973年。

F. X. ベア・E. ディヒテル・M. シュヴァイツァー・小林哲夫・森　昭夫編著『一般経営経済学　第1巻　基本問題』森山書店、1998年。

G. P. オドリスコル Jr.・M. J. リッツォ著、橋本　努・井上匡子・橋本千律子訳『時間と無知の経済学―ネオ・オーストリア学派宣言―』勁草書房、1999年。

H. カインホルスト著、鈴木英壽訳『経営経済学と価値判断』成文堂、1979年。

I. M. カーズナー著、西岡幹雄・谷村智輝訳『企業家と市場とはなにか』日本経済評論社、2001年。

J. A. シュンペーター著、清成忠男編訳『企業家とは何か』東洋経済新報社、1998年。

K. シュミーレビッチ著、鈴木英壽・坂野友昭訳『経済科学方法論』成文堂、1984年。

アーノルド・ピコー、ヘルムート・ディートル、エゴン・フランク著、丹沢安治・榊原研互・田川克生・小山明宏・渡辺敏雄・宮城　徹共訳『新制度派経済学による組織入門―市場・組織・組織間関係へのアプローチ―』第4版、白桃書房、2007年。

エーリッヒ・グーテンベルク著、高橋　慧訳『経営経済学の対象としての企業』法律文化社、1978年。

スティーヴン・クレスゲ、ライフ・ウェナー編、嶋津　格訳『ハイエク、ハイエクを語る』名古屋大学出版会、2000年。

ベルナール・シャバンス著、宇仁宏幸・中原隆幸・斎藤日出治訳『入門制度経済学』ナカニシヤ出版、2007年。

ベルンド・ゲッツェ『独和法律用語辞典』成文堂、1993年。

リチャード・ブリーリー、スチュワート・マイヤーズ著、藤井眞理子・国枝繁樹監

訳『コーポレート・ファイナンス（第6版）上』日経BP社、2002年。
リチャード・ブリーリー、スチュワート・マイヤーズ著、藤井眞理子・国枝繁樹監訳『コーポレート・ファイナンス（第6版）下』日経BP社、2002年。
池本正純『企業者とはなにか—経済学における企業者像—』有斐閣、1984年。
生駒道弘「D.シュナイダー教授の企業者職能論」『商学論究』（関西学院大学）第36巻第4号、1989年、25-39ページ。
伊藤　博・川畑大輔『Q＆A　リースの法律』第2版、日本経済新聞社、2004年。
井上　孝「社会的市場経済」大西健夫編『ドイツの経済』早稲田大学出版部、1992年、11-29ページ。
井上雅彦『Q＆A　リースの会計・税務』日本経済新聞社、2005年。
越後和典『新オーストリア学派の思想と理論』ミネルヴァ書房、2003年。
大友　伸「企業者行動と景気循環についての一考察—シュムペーターの『新結合』を手がかりとして—」『経済学』（東北大学）第56巻第1号、1994年、59-69ページ。
大橋昭一・深山　明・海道ノブチカ編著『日本とドイツの経営』税務経理協会、1999年。
岡田昌也『経営経済学の生成』森山書店、1978年。
尾近裕幸、橋本　努編著『オーストリア学派の経済学—体系的序説—』日本経済評論社、2003年。
海道ノブチカ『西ドイツ経営学の展開』千倉書房、1988年。
海道ノブチカ『現代ドイツ経営学』森山書店、2001年。
海道ノブチカ・深山　明編著『ドイツ経営学の基調』中央経済社、1994年。
梶脇裕二『ドイツ一般経営学史序説—経営学の本質を求めて—』同文舘出版、2009年。
金指　基『シュンペーター再考—経済システムと民主主義の新しい展開に向けて—』現代書館、1996年。
菊澤研宗『比較コーポレート・ガバナンス論—組織の経済学アプローチ—』有斐閣、2004年。
菊澤研宗編著『業界分析　組織の経済学—新制度派経済学の応用—』中央経済社、2006年。
久能幹史「リース取引に関する税制改正」『企業会計』第59巻第7号、2007年、54-59ページ。
河野善隆「シュムペーター理論とイノベーション・プロセス—企業者革新の多様化、拡散化に関連して—」『長崎県立国際経済大学論集』第24巻第1号、1990年、1-

54ページ。
小島三郎『ドイツ経験主義経営経済学の研究』有斐閣、1965年。
小島三郎『現代科学理論と経営経済学』税務経理協会、1986年。
後藤幸男「経営計画と不確実性」『産業経理』第18巻第6号、1958年、30-36ページ。
後藤幸男・田渕　進編著『新経営財務論講義』中央経済社、1994年。
古林喜楽『経営学方法論序説』三和書房、1967年。
古林喜楽監修、大橋昭一・奥田幸助訳『シェーンプルーク経営経済学』有斐閣、1970年。
小山明宏『経営財務論（三訂版）』創成社、1996年。
小山明宏『コーポレート・ガバナンスの日独比較』白桃書房、2008年。
左藤一義「社会的市場経済の現状と将来」大橋昭一・深山　明・海道ノブチカ編著『日本とドイツの経営』税務経理協会、1999年、183-199ページ。
塩野谷祐一『シュンペーター的思考』東洋経済新報社、1995年。
鈴木英壽『ドイツ経営学の方法』森山書店、1959年。
関岡保二「歴史的視点から見た企業者像―アルフレッド・マーシャルの企業者論―」『経営行動』第8巻第2号、1993年、53-59ページ。
高田　馨『経営学の対象と方法―経営成果原理の方法論的省察―』千倉書房、1987年。
田沢五郎『独＝日＝英　ビジネス経済法制辞典』郁文堂、1999年。
田近栄治・油井雄二『日本の企業課税―中立性の視点による分析―』東洋経済新報社、2000年。
田島壮幸『ドイツ経営学の成立』森山書店、1973年。
田中照純『経営学の方法と歴史』ミネルヴァ書房、1998年。
田中　求「シュンペーターの企業者論―経済社会学的分析の試み―」『商学論叢』（日本大学）第20号、1995年、39-53ページ。
田淵　進『投資決定論による利益課税の考察』広島修道大学総合研究所、1983年。
田渕　進『西ドイツ経営税務論』森山書店、1986年。
田渕　進「シュナイダーの企業者職能論」大橋昭一編著『現代のドイツ経営学』税務経理協会、1991年、237-250ページ。
田渕　進「ドイツ経営学と経営税務論」海道ノブチカ・深山　明編著『ドイツ経営学の基調』中央経済社、1994年、122-142ページ。
田渕　進「投資理論における課税中立性」赤石雅弘・小嶋　博・濱村　章編著『コーポレート・ファイナンス論の最前線』中央経済社、1995年、27-42ページ。

鳥邊晋司『企業の投資行動理論』中央経済社、1997年。
鳥邊晋司・川上昌直・赤石篤紀『戦略財務マネジメント』中央経済社、2008年。
永田　誠『経営経済学の方法』森山書店、1979年。
永田　誠「企業者職能と取引費用」『経済研究』（大阪府立大学）第37巻第3号、1992年、127-153ページ。
西村慶一・鳥邊晋司『企業価値創造経営』中央経済社、2000年。
西村慶一・鳥邊晋司・岡崎利美・川上昌直・赤石篤紀『財務マネジメント―企業価値とリスクの評価―』中央経済社、2005年。
根井雅弘『シュンペーター―企業者精神・新結合・創造的破壊とは何か―』講談社、2001年。
馬場敬治『馬場敬治著作選集Ⅲ　経営学方法論』酒井書店・育英堂、1970年。
平井俊顕『ケインズ・シュムペーター・ハイエク―市場社会像を求めて―』ミネルヴァ書房、2000年。
藤田幸敏「テュルゴーの企業者概念にみる企業者論の起源と本質―A. R. J. テュルゴーからJ. B. セイへ―」『経営研究』（愛知学泉大学）第11巻第1号、33-51ページ。
牧浦健二『ドイツ投資決定論』森山書店、1993年。
牧浦健二『ドイツ資金計画論』森山書店、1997年。
牧浦健二『財務管理概論〔改訂版〕』税務経理協会、2007年。
牧浦健二『経営学概論〔改訂版〕』同文舘出版、2007年。
宮内義彦『リースの知識』第8版、日本経済新聞社、2000年。
深山　明『ドイツ経営補償計画論』森山書店、1995年。
深山　明『ドイツ固定費理論』森山書店、2001年。
深山　明・海道ノブチカ編著『経営学の歴史』中央経済社、2001年。
深山　明・海道ノブチカ編著『経営学の基礎〔改訂版〕』同文舘出版、2006年。
深山　明・海道ノブチカ編著『基本経営学』同文舘出版、2010年。
村田和博「J・S・ミル『経済学原理』における企業者機能―経営手腕と利潤把握との観点から―」『広島大学経済学研究』第11号、1994年、53-73ページ。
森　昭夫「『制度論的経営経済学』について―ディーター・シュナイダーの所説を巡って―」『国民経済雑誌』（神戸大学）第156巻第6号、1987年、63-76ページ。
森　昭夫「リスク・プレミアム」神戸大学大学院経営学研究室編『経営学大辞典』第2版、中央経済社、1999年、935ページ。
森住祐治『リース取引の実際』第3版、日本経済新聞社、2000年。
森　哲彦『ドイツ経営経済学』千倉書房、2003年。

森戸政信『マーシャル体系の成立―マーシャルとドイツ経済学―』多賀出版、2000年。
山縣正幸『企業発展の経営学―現代ドイツ企業管理理論の展開―』千倉書房、2007年。
吉田和夫『グーテンベルク経営経済学の研究―企業者職能と経営費用の問題―』法律文化社、1962年。
吉田和夫『ドイツ企業経済学』ミネルヴァ書房、1968年。
吉田和夫『ドイツ経営経済学』森山書店、1982年。
吉田和夫『経営学大綱』同文舘出版、1985年。
吉田和夫『日本の経営学』同文舘出版、1992年。
吉田和夫『ドイツの経営学』同文舘出版、1995年。
若田部昌澄「アダム・スミスと企業者精神―スミスの『動態性』とは何か―」『早稲田政治経済学雑誌』第307・308合併号、1992年、325-358ページ。
渡辺厚代「資源のダイナミクスと企業者機能―シュンペーター理論における―」『経営総合科学』(愛知大学) 第61号、1993年、11-26ページ。
渡辺裕泰『ファイナンス課税』有斐閣、2006年。

人 名 索 引

A

赤石雅弘　70, 92, 155
Albach, H.　16
Altman, E. I.　169, 176
Anderson, P. F.　164
Aufermann, E.　41, 54

B

Bieg, H.　55, 70, 92, 138, 155
Böhm, F.　22
Brandt, W.　11
Brown, E. C.　97, 98, 100, 102, 108
Busse von Colbe, W.　16

C

Cantillon, R.　8, 17, 115, 121
Coase, R. H.　27
Commons, J. R.　23

D

Dietl, H. M.　36
Dirrigl, H.　90, 101, 108, 109
Domar, E. D.　108
Duesenberry, J. S.　108

E

Erhard, L.　10
Erlei, M.　21, 35, 36
Eucken, W.　22, 23

F

Findeisen, F.　40, 41, 54
Fischer, L.　55
Franck, E.　36
藤本弘人　16

G

Gaugler, E.　53
Göbel, E.　35, 36
Grochola, E.　16
Grossmann-Dörth, H.　22
Großmann, H.　41, 54
Gutenberg, E.　11, 12

H

濱村　章　70, 92, 155
Hansen, A. H.　108
Hasenack, W.　41, 54
橋本　努　35
Hayek, F. A. v.　13, 19, 35
Hébert, R. F.　16
Herzig, N.　53-55
Horsch, A.　20, 35

I

池本正純　17
生駒道弘　15, 120
今井一孝　16
井上　孝　18

K

Kahle, H. 91-93
海道ノブチカ 18, 69
金指 基 17
Kiesinger, K. G. 11
菊澤研宗 35, 36
Kirzner, I. M. 35
Kleineidam, H.-J. 55
Kohl, H. J. M. 11
Köhler, R. 53
小嶋 博 70, 92, 155
小山明宏 36
久能幹史 176
栗山盛彦 16
Kußmaul, H. 70, 155

L

Laßmann, G. 16
Leschke, M. 21, 35, 36
Link, A. N. 16

M

Martin, J. D. 164, 169, 176
Meinhövel, H. 35
Menger, C. 7, 12, 13, 16, 19, 22, 23, 113
Mertens, P. 106, 109
Metzler, L. A. 108
Mises, L. E. v. 7, 13, 16-19, 35, 113
宮城 徹 36
深山 明 15, 18, 69, 120
宮本光晴 17
森 昭夫 15, 120, 156
森住祐治 167, 176
Müller-Armack, A. 10

村松郁夫 70

N

永田 清 108
中島正人 18
中山伊知郎 17, 18
内藤三郎 16

O

Oblau, M. 138
小原敬士 108
大橋昭一 15, 18, 120
大西健夫 18
尾近裕幸 35

P

Paul, S. 20, 35
Picot, A. 36
Pohmer, D. 42, 54

R

Riedel, A. F. J. 7-9, 16-18, 115, 116, 121
Roscher, W. G. F. 21
Rose, G. 39, 43, 46, 47, 51, 53, 55

S

榊原研互 36
左藤一義 18
佐藤康男 16
Sauerland, D. 21, 35, 36
Schall, L. D. 169, 176
Scherpf, P. 42, 54
Schmidt, F. 41
Schmidt, H. H. W. 11

Schmoller, G. v.　22, 23
Schneeloch, D.　70, 155
Schneider, D.　3, 4, 7 – 20, 22, 28 – 31,
　　34, 36, 39, 43, 48, 49, 51, 52, 55, 69, 70,
　　73, 90 – 93, 95, 100 – 104, 108, 109, 113
　　– 117, 119 – 121, 138, 139, 141, 142,
　　149, 153 – 157, 177
Schneider, E.　98 – 100, 108
Schult, E.　58, 62, 69, 70, 155
Schumpeter, J.　7, 9, 10, 13, 17, 18
Seibold, S.　138
Sigloch, J.　90 – 92
塩野谷祐一　17, 18
Smith, A.　21
Strobel, W.　102, 109
Swoboda, P.　103 – 105, 109

T

田川克生　36
田渕　進（田淵　進）　15, 69, 70,
　　91 – 93, 108, 120, 155, 156
田近栄治　121, 154

丹沢安治　36
東畑精一　17, 18
戸田正雄　17, 121
都留重人　108

V

Vaughn, K. I.　18
Veblen, T.　23

W

Wacker, W. H.　138
Wagner, F. W.　90, 101, 108, 109
渡部　茂　18
渡辺裕泰　176
渡辺敏雄　36
Wittmann, W.　16
Wöhe, G.　39, 42 – 46, 51, 54 – 56, 70,
　　92, 138, 155

Y

吉田和夫　15, 53
油井雄二　121, 154

事項索引

ア行

アドバース・セレクション 26

意思決定中立的な内部金融 81, 82, 84
意思決定中立的な利益測定 81, 84

営業収益税の賦課率 128, 138, 143
エージェンシー理論 20, 24, 25, 27, 31, 34
エージェンシー・コスト 26

オーストリア学派 7, 12-14, 19-22, 34, 35, 113, 115, 116, 119
オルドー自由主義 22

カ行

外部性 28
革新選好 141
課税原則 45, 49, 51-53, 66, 73, 95
　課税の意思決定中立性 74, 75, 89, 90, 92, 146
　課税の簡素化 73, 89
　課税の競争中立性 45, 52
　課税の均一性 52
　課税の公平性 45, 51, 52, 73, 89
　課税の資本コスト中立性 85, 86, 92
　課税の中立性 70, 73, 89, 90
　課税の投資中立性 66-68, 70, 73, 74, 76, 77, 81-86, 88-90, 92, 95, 96, 99, 123, 124
課税引出所得額 88
価値自由 45, 51

機会主義 25-27, 31, 34
企業家精神 113
企業者概念 7-9, 13, 17, 29
企業者職能 3, 4, 6-10, 14, 17, 18, 29, 31, 33, 113, 115, 116, 119, 120, 142, 153
企業者職能論 3, 4, 7, 10-15, 19, 20, 22, 28-34, 55, 113-117, 119, 120, 142, 153, 154, 159, 160, 173-175
企業者の自律性 12, 113, 119
企業者の単独決定 11, 12
規則システム 6, 114, 115
キャッシュ・フローに対する課税のモデル 74, 82-84, 90
給付意欲 141-143
共同決定法 11, 18
キリスト教民主同盟（CDU） 11

経営経済学の体系化 3, 4, 11, 14, 19, 28, 32, 34, 113, 116, 119
経営税務論 39-53, 57, 58, 63, 65-69, 89, 97, 123, 137, 173
　―の生成段階 40
　―の成立段階 40
　―の展開段階 42
　―の発展段階 41

事項索引 *199*

　　一般経営税務論　42
　　国際経営税務論　43
　　国際比較経営税務論　42
　　特殊経営税務論　42
　　評価規範的経営税務論　47
経営組織法　11
経済人　24
経済的利用期間　98
計算利子率（資本コスト）　64, 66, 67, 71, 74, 78-80, 82-85, 89-92, 95-107, 138, 144, 155, 170, 171
形成理論　48
　　実践的形成理論　49
　　社会的義務理論　49, 53
ケインズ主義経済学　20, 23, 34
ケインズ主義に基づいた政策　11, 12
限界税負担　136
限界税率　75, 76, 79, 82, 83, 86, 87, 92, 103, 128, 130, 136
減価償却
　　計画的な減価償却　127, 138
　　税法（税制）上の減価償却　87-89, 104, 128, 138
減価償却による資本調達　63
減価償却による利子効果　66, 137

行動システム　6, 16
合理性
　　完全合理性　25
　　限定的合理性　27, 28
　　制約された合理性　24, 25, 30, 34
古典派経済学　21
コントロール・コスト　26

サ行

最終財産追求　77, 91
裁定取引　8, 9, 30
裁定利益（投機利益）　8-10, 12, 14, 17, 19, 29, 30, 49, 53, 115-120, 123, 142, 154, 160, 173-175
裁量権　4
三段階の基準　60, 61, 63, 68

シグナリング・コスト　26
資源分配の効率性　28, 32, 33
自己金融　103-108, 128
自己金融論　105
自己資本コスト　101, 107
実効税率　154
資本価値　63-65, 69, 84, 95, 102-104, 106, 141, 143-146, 154
資本価値法　95, 102
資本理論的利益　84-86, 92, 138
資本理論的利益に対する課税のモデル　74, 83, 84, 90
社会的市場経済　10-13, 18, 23
社会民主党（SPD）　10-12
自由意志に基づく取引　4, 32
収益価値　84-86, 88, 92, 104, 105, 138
収益価値繰入　86
収益価値償却　86, 88-90, 128, 138
収益税パラドックス　64
純利子把握　102
純利子率　106
　　名目純利子率　106
消費選好率　101
正味現在価値法　66
所得減少率　151, 152, 156, 157

所得の不確実性　3-8, 14, 19, 20, 29-34, 113-115, 117, 142, 143
所得引出計画　101
所有権理論　20, 24, 27, 28, 32, 34
新古典派経済学　19-27, 30, 34
新制度派経済学　20, 21, 23-28, 30, 32-34, 36

成果作用的方法　126
成果中立的方法　126, 131-133
生産手段の結合　8, 115
制度
　規則システム（秩序）としての制度　6, 21, 29, 114
　行動システム（組織）としての制度　6, 29, 114
（アメリカの）制度学派　21, 23, 34
制度の個別経済学　3-7, 9, 14, 19, 20, 29, 30, 49, 53, 113, 114, 142
税法形成論　45
税務経営経済学　48
税務貸借対照表　62, 105
税務貸借対照表政策　59
税率の引き下げ　124, 125, 135-137, 141-143, 145-148, 151-153, 155
説明理論　48, 49, 90

総利子把握　102
総利子率　106
即時課税　75-77
即時の損失相殺　79, 80, 82, 84, 132, 133
測定化理論　48, 49
租税影響論　42-44, 47-49, 58, 69, 117, 156

　経営経済的租税影響論　43, 44, 46, 47
租税回避の理論　49
租税学　50, 69
租税繰越　66
租税経営論　41
租税計画　43, 47
　期間関連的租税計画　47
　構造関連的租税計画　47
　租税オプション計画　47
　プロセス関連的租税計画　47
租税計画論　47, 49
　経営経済的租税計画論　47
租税計算論　41
租税形成論　42-44, 47, 58, 69, 117
　経営経済的租税形成論　44
租税志向的一般経営経済学　58, 69
租税支払い効果　88
租税政策
　狭義の租税政策　59, 60, 62, 69
　経営上の租税政策　59
　広義の租税政策　59-62, 69
　租税政策の不適切性　117
　租税政策論　47
租税（課税）と減価償却による利子効果　66, 96
租税によってひき起こされた利子減少効果　88, 96, 99
租税の延納　127
租税パラドックス　57, 58, 63-68, 70, 73, 78-80, 89, 90, 95, 96, 100, 102-105, 107, 123, 145, 146, 160, 173
租税負担
　経済的租税負担　118, 120, 121, 123, 124, 127-137, 142, 154, 155, 173, 174

事項索引 *201*

実質税負担（実質的租税負担）　118,
　121, 154
実質的限界税負担　92
租税負担に関する理論　48, 49
法的租税負担　118, 121, 142, 154,
　155
名目的租税負担　154
損失繰越　144, 155

タ行

他人金融　101, 103, 104, 106, 108
他人資本コスト　101, 107

知識（情報）
　知識（情報）の不完全性　5, 30, 48,
　　114
　知識（情報）の不均等分布　5, 19,
　　30
　不完全な知識（情報）の不均等分布
　　5, 9, 25, 26, 34, 114, 119
中立税率　148
調整
　権限に基づく調整　27
　市場における調整　27
　調整プロセス　27
　調整問題　26

転嫁不可能性　75-77

動機づけ問題　26
投資奨励金　118, 124-127, 129, 130,
　133-137
投資奨励金法　125, 127
投資性向　124, 125, 136
投資促進税制　168

投資促進措置　67, 71, 118-120,
　123-125, 127-131, 133-137, 173,
　175
投資補助金　118, 124, 126, 127,
　130-137
特定地域振興助成法　125
特別減価償却　118, 121, 124, 126, 127,
　132-137
取引コスト　27, 28, 31, 32
取引コスト理論　20, 24, 26, 27, 31, 34

ナ行

内部化　28
内部金融　101
内部収益率　100

年金現価係数　64, 70

ハ行

比較制度分析アプローチ　25
被課税額算出指数　138
引出所得追求　77, 91
非公用徴収　75-77
標準モデル　70, 73, 74, 84, 85, 87-90,
　92, 95-97, 100-105

富裕追求　77, 91
フライブルク学派　21-23, 34
ブラウン・モデル　97, 99, 100, 103

ホールド・アップ問題　27
ボンディング・コスト　26

マ行

マネージャー　8, 9, 29, 31, 115-117

目標要因値課税　74-77, 79, 80, 156
モニタリング・コスト　26
モラル・ハザード　26

ラ行

リース
　オペレーティング・リース　160
　金融取引として取り扱うリース取引　161
　所有権移転外リース取引　161
　セールス・アンド・リースバック取引　161
　売買取引として取り扱うリース取引　161
　ファイナンス・リース　160, 161, 163
　　所有権移転外ファイナンス・リース　159, 162, 165, 175
リース会計　161, 165
リース会計基準の原則　165, 166, 168, 172, 175
リース会計処理方法　159, 160
リース期間定額法　159, 166, 176
リース契約　119, 120, 166, 174, 175
リース資産　159, 161, 164, 166, 169, 175
リース税額控除　166, 168, 175
リース税制　161
利益測定による内部金融　81

リスク回避
　一定の相対的リスク回避　148-150, 152
　逓減的な相対的リスク回避　148, 152
　逓増的な相対的リスク回避　148, 152
リスク効用　141, 146, 149-151, 156
　最終財産に関するリスク効用　146, 147
　利益に関するリスク効用　146, 148
リスク性向　125, 141, 142, 147, 148, 151, 152
リスク・プレミアム　141, 151, 153, 156
　主観的な相対的リスク・プレミアム　156
　相対的リスク・プレミアム　151, 152, 156, 157
　プログラム関連的な相対的リスク・プレミアム　156, 157

累進税率　78, 79, 147

（ドイツ）歴史学派　21, 22, 34
　旧歴史学派　21
　新歴史学派　22, 23
連帯付加金　128, 136, 138

著者略歴

関野　賢（せきの　まさる）

1974年9月	大阪府に生まれる
1997年3月	関西学院大学商学部卒業
1999年3月	関西学院大学大学院商学研究科博士課程前期課程修了
2002年3月	関西学院大学大学院商学研究科博士課程後期課程単位取得退学
2003年4月	徳島文理大学短期大学部商科専任講師
2004年4月	神戸学院大学経営学部専任講師
2006年4月	神戸学院大学経営学部助教授
2010年4月	近畿大学経営学部准教授（現在に至る）

経営税務論の展開──投資決定と企業課税──
（けいえいぜいむろんのてんかい）

2010年9月10日　初版第1刷発行

著者　Ⓒ　関野　賢（せきの　まさる）

発行者　菅田　直文

発行所　有限会社　森山書店　東京都千代田区神田錦町1-10林ビル（〒101-0054）
TEL 03-3293-7061　FAX 03-3293-7063　振替口座 00180-9-32919

落丁・乱丁本はお取りかえ致します　　印刷・製本・シナノ書籍印刷

本書の内容の一部あるいは全部を無断で複写複製することは、著作権および出版社の権利の侵害となりますので、その場合は予め小社あて許諾を求めて下さい。

ISBN 978-4-8394-2101-4